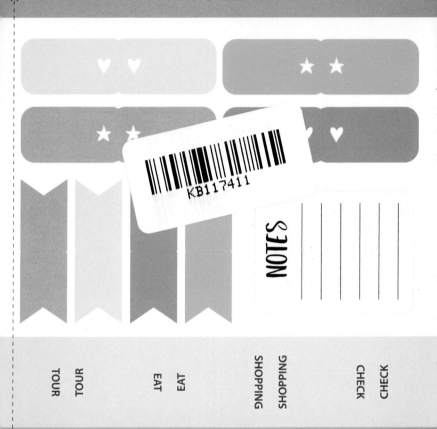

TOUR TOUR EAT EAT SHOPPING SHOPPING CHECK CHECK

TOUR TOUR EAT EAT SHOPPING SHOPPING CHECK CHECK

지금,도
지도 서비스

여행 가이드북 〈지금, 시리즈〉의 부가 서비스로, 해당 지역의 스폿 정보 및 코스 등을 실시간으로 확인하고 함께 정보를 공유하는 커뮤니티 무료 지도 사이트입니다.

now.nexusbook.com

지도 서비스 '지금도'에 어떻게 들어갈 수 있나요?

접속 방법 1
녹색창에
'지금도'를 검색한다.

지금도 ▾ 🔍

접속 방법 2
핸드폰으로
QR코드를 찍는다.

접속 방법 3
인터넷 주소창에
now.nexusbook.com
을 친다.

'지금도' 활용법

✈ 여행지 선택하기

메인 화면에서 여행 가고자 하는 도시의 도서를 선택한다. 메인 화면 배너에서 〈지금 시리즈〉 최신 도서 정보와 이벤트, 추천 여행지 정보를 확인할 수 있다.

🔍 스폿 검색하기

원하는 스폿을 검색하거나, 지도 위의 아이콘이나 스폿 목록에서 스폿을 클릭한다. 〈지금 시리즈〉 스폿 정보를 온라인으로 한눈에 확인할 수 있다.

📍 나만의 여행 코스 만들기

❶ 코스 선택에서 코스 만들기에 들어간다.
❷ 간단한 회원 가입을 한다.
❸ +코스 만들기에 들어가 나만의 코스 이름을 정한 후 저장한다.
❹ 원하는 장소를 나만의 코스에 코스 추가를 한다.
❺ 나만의 코스가 완성되면 카카오톡과 페이스북으로 여행메이트와 여행 일정을 공유한다.

💬 커뮤니티 이용하기

여행을 준비하는 사람들이 모여 여행지 최신 정보를 공유하는 커뮤니티이다. 또, 인터넷에서는 나오는 않는 궁금한 여행 정보는 베테랑 여행 작가에게 직접 물어볼 수 있는 신뢰도 100% 1:1 답변 서비스를 제공 받을 수 있다.

〈지금 시리즈〉 독자에게
'여행 길잡이'에서 제공하는 해외 여행 필수품

해외 여행자 보험 할인 서비스

1,000원 할인

사용 기간 회원 가입일 기준 1년(최대 2인 적용)
사용 방법 여행길잡이 홈페이지에서 여행자 보험 예약 후 비고 사항에
〈지금 시리즈〉 가이드북 뒤표지에 있는 ISBN 번호를 기재해 주시기 바랍니다.

〈지금 시리즈〉 독자에게
시간제 수행 기사 서비스 '모시러'에서 제공하는

공항 픽업, 샌딩 서비스

2시간 이용권

유효 기간 2020. 12. 31 서비스문의 예약 센터 1522-4556 (운영 시간 10:00~19:00, 주말 및 공휴일 휴무)
이용 가능 지역 서울, 경기 출발 지역에 한해가능

본 서비스 이용 시 예약 센터(1522-4556)를 통해 반드시 운행 전일에 예약해 주시기 바랍니다. / 본 쿠폰은 공항 픽업, 샌딩 이용 시에 가능합니다(편도 운행은 이용 불가). / 본 쿠폰은 1회 1매에 한하며 현금 교환 및 잔액 환불이 불가합니다. / 본 쿠폰은 판매의 목적으로 이용될 수 없으며 분실 혹은 훼손 시 재발행되지 않습니다. www.mosiler.com ※ 모시러 서비스 이용 시 본 쿠폰을 지참해 주세요.

TRAVEL PACKING CHECKLIST
PASS

Item	Check
여권	■
항공권	■
여권 복사본	■
여권 사진	■
호텔 바우처	■
현금, 신용카드	■
여행자 보험	■
필기도구	■
세면도구	■
화장품	■
상비약	■
휴지, 물티슈	■
수건	■
카메라	■
전원 콘센트 · 변환 플러그	■
일회용 팩	■
주머니	■
우산	■
기타	■

지금, 블라디보스토크

지금, 블라디보스토크

지은이 오상용
펴낸이 임상진
펴낸곳 (주)넥서스

초판 발행 2018년 5월 30일

2판 1쇄 발행 2018년 8월 25일
2판 3쇄 발행 2019년 2월 25일

3판 1쇄 발행 2019년 10월 18일
3판 2쇄 발행 2019년 10월 25일

출판신고 1992년 4월 3일 제311-2002-2호
10880 경기도 파주시 지목로 5(신촌동)
Tel (02)330-5500 Fax (02)330-5555

ISBN 979-11-6165-737-0 13980

www.nexusbook.com

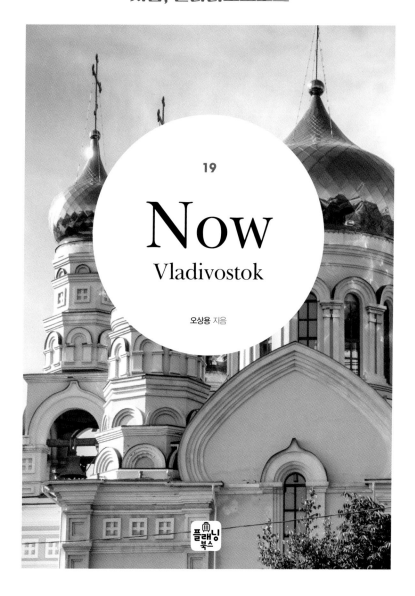

Explore the City **지금, 블라디보스토크** Travel guide

19

Now
Vladivostok

오상용 지음

플래닝
북스

《지금, 오사카》를 시작으로 여행 가이드북 〈지금 시리즈〉 저자로 참여한 지 3년째가 되어갑니다. 책을 만들어가는 과정에서 어려움과 시련이 여러 차례 있었지만 여행 자로서 여행지 정보를 공유하고 안내자로서 활동할 수 있음에 감사합니다.

책이 나올 수 있기까지 끌어 주신 넥서스 출판사의 정효진 과장님 감사합니다. 앞으로 계획된 원고 차질 없이 준비하겠습니다. 세 아이의 육아와 교사라는 새로운 도전을 시작한 아내와 긍정 에너지를 불어넣어 주는 오채은, 오설우, 오준석 삼 남매. 믿고 응원해주시는 부모님과 장인어른, 장모님. 일본 이모님, 가미야마상과 제작에 도움을 아끼지 않는 영화 평론가 김언종, 잔소리 대마왕이자 아침마다 홍삼을 챙겨 준 현태와 블라디보스토크 취재를 함께했던 사진작가 성경민, 러시아어 번역과 독

음을 도와준 한국외대 손에준님을 비롯해 많은 분께 감사의 말을 올립니다. 모두 나열하지 못할 정도로 도움 주신 분들과 이 책을 구입해 주시는 모든 독자 여러분께 더 좋은 책으로 보답할 수 있도록 노력하겠습니다. 《지금, 블라디보스토크》를 통해 더 즐거운 여행이 되시길 기원합니다.

마지막으로 《지금, 블라디보스토크》의 소통 라인은 24시간 열려 있습니다. 이 책에서 담아내지 못한 블라디보스토크의 매력이나 정보 수정 등 여행자로서 정보 공유를 하고 싶으시다면 이메일(krsangyong@gmail.com)로 연락 바랍니다. 감사합니다.

오상용

지금, 블라디보스토크
책 활용법

하이라이트

《지금, 블라디보스토크》에서 보고, 먹고, 즐겨야 할 것들을 모았다. 블라디보스토크에 대해 잘 몰랐던 사람들은 미리 여행하는 기분으로, 이미 알고 있던 사람들은 새롭게 여행하는 기분으로 블라디보스토크 여행의 핵심을 익힐 수 있다.

베스트 추천 코스

지금 당장 블라디보스토크 여행을 떠나도 만족스러운 여행이 가능하다. 언제, 누구와 떠나든 모두를 만족시킬 수 있는 베스트 추천 코스를 제시했다. 자신의 여행 스타일에 맞는 코스와 일정을 골라 따라 하기만 해도 만족과 즐거움이 두 배가 될 것이다.

지역 여행

지금 여행 트렌드에 맞춰 블라디보스토크를 근교 포함해서 4개 지역으로 나눠 지역별 핵심 코스와 명소를 소개했다. 코스별로 여행을 하다가 한 곳에 좀 더 머물고 싶거나 혹은 그냥 지나치고 다른 곳을 찾고 싶다면 지역별 소개를 천천히 살펴보자.

지도 보기 각 지역의 주요 관광지와 맛집, 상점 등을 표시해 두었다. 또한 종이 지도의 한계를 넘어서, 디지털의 편리함을 이용하고자 하는 사람은 해당 지도 옆 QR 코드를 활용해 보자.

팁 활용하기 직접 다녀온 사람만이 알려 줄 수 있고, 여러 번 다녀온 사람만이 말해 줄 수 있는 알짜배기 노하우를 담았다.

여행 체크 리스트

조금은 낯선 블라디보스토크를 여행하기로 했다면 출발 전에 체크해야 할 것들이 많다. 좀 더 알뜰하게 항공권 예약하는 것부터 많지 않지만 한국 여행객들이 주로 이용하는 숙소들, 그밖에 소소하지만 유용한 팁들을 담았다.

여행 정보

블라디보스토크에 도착해 본격적으로 여행을 하는데 도움이 될 만한 정보들을 모두 담았다. 공항에서 시내까지 교통편과 시내와 근교로 갈 수 있는 교통편 등 블라디보스토크 여행을 하면서 필요한 정보들을 꼼꼼하게 알려준다.

지도 및 본문에서 사용된 아이콘

📷 관광 명소 　 🛍 쇼핑 　 🍴 식당 　 ☕ 커피숍 　 🍺 펍 & 바

⚓ 항구 　 🚉 기차역 　 🚌 버스 정류장 　 🏨 호텔 　 ➕ 거리

🏛 미술관 박물관 　 🏛 관공서 　 🌳 공원 　 🎡 놀이공원 　 ➕ 병원

contents

하이라이트

히스토리 12
여행 포인트 14
HOT! 18

베스트 추천 코스

혼자 떠나는 여행 38
친구와 함께 떠나는 여행 41
연인과 함께 떠나는 여행 44
아이와 함께 떠나는 여행 47
2박 3일 여행 50
3박 4일 여행 53
4박 5일 여행 57

지역 여행

해양 공원 주변 64
중앙 광장 주변 92
남부 지역 126
시내 외곽 142

여행 정보

인천 국제공항 출국 182
동해항 국제 여객 터미널 출국 184
블라디보스토크 입국 185
블라디보스토크 교통편 186
블라디보스토크에서 유용한 정보 189

여행 체크 리스트

블라디보스토크 항공권 예약 168
블라디보스토크 페리 예약 171
블라디보스토크 숙박 선택 172
블라디보스토크 기본 정보 175

여행 회화 192

찾아 보기 197

트래블 쿠폰 199

Vladivostok
하 이 라 이 트

히스토리
블라디보스토크의 탄생 배경
신한촌 그리고 고려인

여행 포인트
블라디보스토크 지역
블라디보스토크 날씨
블라디보스토크 휴일

HOT!
볼거리
즐길 거리
먹거리
살 거리

Vladivostok
히스토리

한국과의 시차는 1시간, 비행 시간은 2시간인 가까운 유럽 블라디보스토크. 단일 철도로는 세계에서 가장 긴 시베리아 횡단 열차의 영향으로 러시아를 비롯한 유럽, 아시아 문화가 공존하는 이색 여행지. 킹크랩, 곰새우 등 한국과는 비교할 수 없는 저렴한 물가와 19세기 말부터 지어진 100년 이상된 유럽풍 건물들, 붉은 군대의 기념비가 세워진 중앙 광장 등 도심 곳곳에 산재돼 있는 구소련 시대의 흔적들, 거기에 2012년 열린 아시아·태평양 경제 협력체APEC의 개최지인 천혜의 자연 루스키섬까지 갖춰 주변국 여행자들에게 떠오르는 여행지로 급부상하고 있다. 러시아 프리모르 크라이 Примо́рский край(한자 의역: 연해주)의 행정 수도이자 극동 지방 최대 항구 도시인 블라디보스토크는 제국 시절 아시아 진출을 계획하고 부동항(얼지 않는 바다 항구) 건설을 하면서 탄생해 '동방을 지배하라'는 뜻의 '블라디보스토크'라는 지명이 붙게 됐다. 러시아의 수도인 모스크바와 멀리 떨어져 있음에도 불구하고 아시아를 연결하는 동해 연안에 위치한 지리적 특성으로 꾸준하게 성장했으며 최근에는 푸틴 대통령이 극동 개발의 거점 지역으로 지명되면서 2012년 APEC 회의 이후 공항, 오페라 하우스, 호텔 등 여러 관광 인프라도 하루가 다르게 발전하고 있다.

블라디보스토크의 탄생 배경

과거 러시아 제국(왕조 시대)은 영토 확장과 상업 목적으로 지중해(유럽) 진출을 호시탐탐 노리고 있었다. 그러기 위해서는 바닷물이 얼지 않는 항구(부동항)와 지중해로 나가는 해로가 필요했는데 당시 지리적 여건상 흑해에서 출발해 오스만 제국이 지배했던 지금의 이스탄불을 지나 지중해로 가는 해로가 유일했다. 몇 차례의 전쟁으로 흑해 크림 반도에 위치한 크림 칸국을 정복하고 요새와 항구를 건축해 지중해 항로를 완성하고 남하 정책을 펼쳤지만, 이를 반대하는 연합국과의 전쟁에서 패해 지중해 진출이 실패로 끝이 났다. 지중해 진출에 실패한 러시아 제국은 아시아 진출을 계획하고 당시 아편 전쟁과 여러 문제로 시달리던 청나라를 압박해 베이징 조약을 통해 지금의 연해주를 얻고 군사 도시 블라디보스토크를 건설

했다. 겨울이면 한류를 타고 몰려드는 유빙과 육지 경계면이 얼어 완전한 부동항은 아니지만 러시아 태평양 함대가 주둔하는 군사 기지자 극동 지방 최대 규모의 항구로서의 역할을 다 하고 있다.

신한촌 그리고 고려인

블라디보스토크 개발이 시작된 1860년, 전쟁과 가난, 억압을 피해 러시아 연해주 지역으로 고려인들의 이주가 시작됐다. 당시만 해도 연해주 지역은 미개척지였는데 고려인들은 춥고 척박한 환경에서도 땅을 경작하고 극동 해안의 군항 건설에도 동원될 수 있다는 명목하에 불법 이주가 묵인됐다. 그로 하여금 이주민의 수는 증가했고, 1893년 당국에 의해 최초의 한인 거주 지역 개척리(카레이스카야 슬라보드카)가 조성됐다. 1910년 국권 피탈과 일제 강점하의 식민 통치가 시작되면서 이주민 수는 급격하게 늘어났다. 당국은 이주민 관리를 목적으로 1911년 콜레라 근절이라는 명분을 내세워 시내에서 3~4km 떨어진 지점에 한인들을 강제 이주시켰고, 이주한 한인들은 그곳에서 새로운 한국을 부흥시킨다는 의미로 그곳을 신한촌新韓村이라 명명했다. 신한촌은 독립을 위한 중추적 역할을 한 항일 운동의 본거지로, 우리의 역사에서 빼놓을 수 없는 지역으로 자리매김했다. 그러나 1937년 소련의 지도자 스탈린이 당시 적대국이었던 일본인과 한국인이 구분이 어렵고 스파이로 변할 수도 있다는 이유로 신한촌의 모든 한인을 중앙아시아로 강제 이주시켰다. 신한촌 역시 역사의 뒤안길로 사라지며 고려 이주민들의 가슴 아픈 역사가 시작됐다. 오랜 시간이 흘러 옛 신한촌의 모습은 찾아볼 수 없게 됐지만 아직도 그곳에는 일제 강점기에 맞서 싸우던 독립 투사들의 영혼과 중앙아시아로 이주돼 힘든 삶을 살았던 고려인 18만 명의 영혼이 깃들어 있다.

Vladivostok
여행 포인트

블라디보스토크는 서울 면적의 약 2분의 1 크기로 지역 면적이 넓지 않다. 대부분의 명소는 도보 여행이 가능한 시내에 있으며, 가장 거리가 먼 루스키섬도 택시로 1시간 남짓이면 갈 수 있어 짧게는 2박 3일, 길게는 4박 5일 정도면 충분히 여유롭게 돌아볼 수 있다. 먼저 시내는 명소가 밀집돼 있고 명소 간 이동 거리도 짧아 도보 여행 비중이 큰 편이다. 단점은 유명 레스토랑이 도심 여러 곳

에 흩어져 있어 동선을 계획하는 데 신경을 써야 한다. 시내 외곽은 사람이 살지 않아 오래 방치된 건물들이 많은데다가 명소 간 이동 거리도 제법 있어 버스나 택시를 이용해야 한다. 저렴한 물가 덕분에 택시비가 한국보다 싸니 날씨가 좋지 않거나 이동 시간이 아깝다면 과감히 택시를 이용하자.

SPOT. 1
해양 공원 주변

옛 이주 한인들의 최초 거주지인 개척리가 있는 지역이다. 지금은 아무르만Amur Bay 을 따라 조성된 해안 산책로와 놀이동산 때문에 주말이면 가족이나 연인들이 즐겨 찾는 명소가 됐다. 해양 공원 근처에는 현지인은 물론 여행자들에게 알려진 주마, 수프라 등 유명 레스토랑이 있고, 공원과 이어지는 바다가 보이는 아름다운 거리 아르바트 거리(제독 포키나 거리)에는 러시아 팬케이크 전문점 우흐뜨 블린, 해적 커피로 알려진 알리스 커피, 필수 쇼핑 코스로 알려진 츄다데이 등 인기상점이 가득해 여행기간 중 가장 많이 들르는 곳이기도 하다.

SPOT. 2
중앙 광장 주변

블라디보스토크의 중심이자 역사와 문화를 느낄 수 있는 지역이다. 블라디보스토크 시민들의 자부심이자 상징인 중앙 광장을 중심으로 시내를 동서로 관통하는 스베틀란스카야Светланская 거리 양쪽에는 100년 이상된 유럽풍 건물이 즐비하고, 도심 곳곳에는 제국 시대와 사회주의 국가인 소련의 흔적이 있다. 클로버 하우스, 굼 백화점 등 쇼핑 명소를 비롯해 레스토랑, 카페가 밀집해 있어 블라디보스토크에서 가장 번화한 지역이다. 명소 간 이동 거리도 길지 않아 도보로 둘러보기 좋다.

SPOT. 3
남부 지역

단일 철도로는 전 세계에서 가장 긴 시베리안 횡단 열차의 출발점인 블라디보스토크 기차역을 기준으로 블라디보스토크 서남쪽 땅끝에 설치된 토카렙스키 등대(마약 등대)까지 포함한 지역이다. 부동항 건설을 만들기 위해 시작된 탐험에서 블라디보스토크를 발견하고 개발하는 데 있어 중요한 역할을 했던 지역으로, 시내에 비해 신식 주거용 건물들이 여럿 있고 3면이 바다로 둘러싸여 있어 탁 트인 바다를 감상할 수 있는 기회가 많다. 다른 지역에 비해 명소는 많지 않지만 가성비 좋은 호텔이 여럿 있고, 아름다운 바다와 토카렙스키 등대, 북한 정부가 운영하는 북한 식당 평양관과 대형 마트 삼베리가 있다.

SPOT. 4
시내 외곽

신한촌 주변
금각교 주변
루스키섬

시내의 중심부인 중앙 광장을 기준으로 도보 이동하기에는 조금 무리가 있는 명소들이 모여 있는 지역들로 구성했다. 특별한 공통점은 없지만 블라디보스토크 여행 시 한 번쯤은 가 볼 만한 명소들로 버스나 택시로 이동해야 한다. 대표적인 명소로는 항일 운동의 본거지자 이주 한인들이 거주했던 한인촌 지역과 블라디보스토크에서 가장 높은 곳에 위치한 독수리 전망대, APEC 회의 이후 트레킹으로 뜨고 있는 천혜의 루스키섬이 있다. 버스 기준으로 짧게는 10여 분, 길게는 1시간 정도 이동해야 하니 일정에 맞춰 관심 지역을 방문하자.

여름에는 덥고 비가 자주 내리며 겨울은 춥고 건조한 대륙성 기후다. 우리보다 2개월 느린 계절 변화로 5월 중순부터 꽃이 피기 시작하고 6월까지 점차 기온이 오르지만 안개가 자주 끼고 쌀쌀한 날씨가 계속된다. 여름이 시작되는 7월부터 여름 막바지인 8월까지는 기온이 올라 더운 날씨가 지속되는데 한국보다 기온이 낮고 습도가 낮아 그늘에 있으면 약간 서늘하고, 비가 자주 내리는 단점이 있지만 화창한 날씨가 많아 록 페스티벌 등 주요 행사가 열리는 시즌이기도 하다. 우리의 가을 날씨와 비슷한 9~10월에는 급작스레 추워지는 기간이니 일교차로 인한 감기에 걸리지 않도록 주의하자. 11월부터 이듬해 4월까지는 러시아의 부동항이라는 이름이 무색하게도 겨울이면 바닷물이 얼어붙을 정도로 매우 추우니 방한 대책을 강구하도록 하자.

월별 기온

구분	1월	2월	3월	4월	5월	6월	7월	8월	9월	10월	11월	12월
최저 기온(℃)	-16.3	-13.7	-5.6	1.3	6.4	10.6	15.4	17.4	12.5	5.2	-4.2	-12.5
최고 기온(℃)	-8.8	-5.9	1.7	9.1	14.7	17	21	23	19.1	12.4	2.8	-5.5
강수량(㎜)	15	19	25	54	61	100	124	153	126	66	38	18

계절 포인트

성수기	봄	5월 ~ 6월	추운 겨울이 가고 따뜻한 봄이 시작된다. 월 평균 기온은 12℃로 우리의 봄 날씨와 비슷하지만 나뭇잎이 파릇해지는 시기는 6월 초중순이다. 낮에는 추위를 느낄 정도의 기온이 아니어서 여행하기에 괜찮지만 오전과 오후 일교차와 날씨 변동이 심하니 휴대하기 좋은 우산이나 우비, 겉옷을 챙겨 가자.
	여름	7월 ~ 8월	1년 중 쾌청한 날이 가장 많은 시즌이다. 평균 일몰 시간이 저녁 9~10시로 해가 길어져 여행할 수 있는 시간도 늘어난다. 우리의 초여름 날씨와 비슷해 반팔, 반바지도 괜찮지만 해가 질 무렵에는 바람이 세지니 가벼운 긴팔 정도는 챙겨 가도 하자. 1년 중 강수량이 가장 많은 기간으로, 비가 종종 내리니 우산은 필수다. 지난 몇 년 동안 지구 온난화로 인해 최고 기온이 30℃를 넘어서는 이상 현상도 몇 차례 발생했으니 참고해서 외부 활동을 하자.
준성수기	가을	9월 ~ 10월	여름의 끝자락으로, 덥지도 않고 쾌적해 블라디보스토크를 여행하기 가장 좋은 시즌이다. 가벼운 복장으로 트레킹이나 도보 여행하기 괜찮은 날씨가 계속된다. 단점은 날씨가 건조함으로 수분 크림은 필수다. 봄과 마찬가지로 날씨 변동과 오전, 오후 일교차가 심하니 휴대하기 좋은 우산이나 우비, 겉옷을 준비해야 한다. 우리의 가을처럼 가을 색채가 나와 아름다운 자연 경관을 만날 수 있으니 루스키섬 등 자연 명소 위주로 일정을 계획해 보자.
비수기	겨울	11월 ~ 이듬해 4월	부동항이라는 말이 무색하게 바다가 어는 추위가 계속된다. 밤이 길고 낮이 짧기 때문에 여행할 수 있는 시기도 짧고, 온도도 낮은 편이라 장시간 외부 활동은 힘들 수 있다. 다만, 한낮에는 많이 춥지 않고, 택시를 타고 명소와 명소를 연결하는 여행을 한다면 여유로운 일정으로 즐길 수 있다. 또한 이 시기에는 비행기나 호텔 가격이 낮기 때문에 저렴하게 여행 올 수 있는 장점도 있다. 사계절 중 가장 건조한 시기니 수분 크림은 필수다. 추위를 막을 수 있는 방한용품을 꼭 챙겨 가자.

블라디보스토크 날씨 www.accuweather.com/en/ru/vladivostok/294927/weather-forecast/294927

블라디보스토크 휴일

과거 러시아는 우리가 사용하는 태양력인 그레고리력이 아닌 율리우스력을 사용했다. 러시아 혁명 이후 그레고리력을 받아들여 지금까지 사용하고 있지만 러시아 국교인 정교회에서는 여전히 율리우스력을 사용한다. 그러한 이유로 그리스도의 탄생일(크리스마스) 등 종교적 기념일은 우리보다 13일 느리다. 달력에는 한 주의 시작을 일요일이 아닌 월요일로 표기해 사용하고 우리와 마찬가지로 연휴가 공휴일에 겹치면 그다음 날의 첫 번째 비공휴일을 공휴일로 하는 대체공휴일 제도를 사용한다.

명칭	날짜	참고
새해 Новый год	1월 1일	새해를 기념하는 날
신년 연휴 Новогодние каникулы	1월 1~8일	신년 공휴일 (각종 행사와 신년 세일 진행)
크리스마스 Рождество Христово	1월 7일	러시아 정교회 성탄절
조국 수호의 날 День защитника Отечества	2월 23일	우리의 국군의 날과 유사
마슬레니차(봄맞이 축제) Масленица	2월 말 ~ 3월 초 사이 (매년 달라짐)	금식과 절제를 하는 사순절 직전에 열리는 먹고 마시고 즐기는 문화 축제 (유럽의 카니발 축제와 유사)
국제여성의 날 Международный женский ден	3월 8일	여성의 정치·경제·사회적 업적을 기리는 날
노동절 Праздник весны и труда	5월 1일	근로자의 날
승리의 날(전승기념일) День Победы	5월 9일	제2차 세계 대전(독소 전쟁) 승리 기념일
러시아의 날 День России	6월 12일	러시아 연방 설립 기념일
블라디보스토크 시민의 날	7월 2일	블라디보스토크 탄생을 기념하는 날 (7일간 각종 행사가 열림)
킹크랩 축제	7~9월 중 (kingcrabrussia.ru)	어업 회사, 유통 회사, 레스토랑이 협력해 개최하는 킹크랩 할인 축제
브이록 페스티벌 V-rox Festival	8월 중 (vrox.org)	극동 지역 최대 규모의 국제 록 페스티벌 (해양 공원 및 주변 클럽에서 많은 공연이 열림)
호랑이의 날 Tiger's Day	9월 마지막 주 일요일	블라디보스토크의 상징인 호랑이를 기념하는 다채로운 행사
국민 단결의 날 День народного единства	11월 4일	모스크바를 점령하고 있던 폴란드, 리투아니아 연방 군대를 몰아낸 사건을 기념하는 날
헌법 기념일 День Конституции	12월 12일	러시아 연방의 헌법 제정일 (우리나라의 제헌절에 해당)

Vladivostok

HOT!

우리에게는 많이 알려지지 않은 블라디보스토크. 블라디보스토크 HOT에서는 작가가 뽑은 볼거리(명소), 즐길 거리, 먹거리, 살 거리(기념품)를 정리해서 보여 준다. 블라디보스토크를 알차게 즐길 수 있는 것들을 모아놨으니 미리 살펴보고 떠나자.

볼거리

중앙광장 Центральная площадь

과거 소련이었던 시절에 조성된 카리스마 넘치는 광장. 혁명 전사 기념비를 중심으로 대학교 운동장 규모의 큰 광장이다. 우리나라의 광화문처럼 실질적으로 블라디보스토크의 중심이라 할 수 있는 곳이다. 광장 주변 고풍스러운 유럽식 석조 건물들과 신식 건물들이 어우러져 지금의 블라디보스토크를 가장 잘 느낄 수 있다.

니콜라이 개선문 Николаевские Триумфальные ворота

러시아 마지막 황제 니콜라이 2세가 블라디보스토크를 방문한 기념으로 지은 문. 유럽 건축 양식을 섞어 만든 러시아 특유의 화려하고 정교한 건축물로 이 문을 지나면 행운과 행복을 준다는 설이 있다.

해양공원 Спортивная набережная

과거 한인촌인 개척리가 위치했던 지역. 지금은 잘 정비된 해안가 산책로가 조성돼 있어 블라디보스토크 시민들의 휴식 공간으로 이용된다. 일몰 장소로도 유명하고, 작지만 해수욕을 즐길 수 있는 해변도 있다.

아르바트 거리(제독 포키나 거리)
Адмирала Фокина

과거 태평양 함대를 지휘했던 제독 포키나의 이름이 붙은 거리. 여행자 거리로도 알려진 바다 지평선이 보이는 아름다운 거리다. 거리 양쪽으로는 유명한 카페, 레스토랑 등이 밀집해 있다.

금각교 Золотой мос

블라디보스토크의 랜드마크이자 금각만을 가로지르는 아름다운 사장교. 블라디보스토크 여행 기념사진 장소로 독수리 전망대와 블라디보스토크 기차역에서 한 프레임으로 전체 모습을 담을 수 있다.

신한촌 기념비
Памятник корейским поселениям в Приморье

연해주 지역 독립 운동의 본산인 신한촌의 역사적 의미를 기리기 위해 세운 기념비. 세 개의 기둥으로 이루어진 이 기념비는 상해 임시 정부, 한성 임시 정부, 블라디보스토크에 있었던 대한 국민 의회를 상징한다.

루스키섬 Русский остров

동해 연안에 위치한 아름다운 자연을 만날 수 있는 섬. APEC 개최지이자 극동 연방 대학교가 있는 곳이다. 자연길을 걸어가야 만날 수 볼 수 있는 토비지나 곶, 프리모르스키 아쿠아리움 등 자연과 연결된 여행 명소가 여럿 있다. 해수욕 포인트도 여럿 있으니 참고하자.

블라디보스토크 기차역 Вокзал Владивосток

총 길이 9,334km로 지구 둘레의 4분의 1에 가까운 거리를 운행하는 단일 노선으로는 세계에서 가장 긴 시베리아 횡단 열차의 출발점. 역 플랫폼에 있는 기념비에서 기념사진은 필수다.

독수리 전망대 Сопка Орлиное гнездо

시내 전경을 한눈에 담을 수 있는 전망대. 일출과 일몰, 야경 뷰 포인트로 유명해 블라디보스토크 여행 시 꼭 가 봐야 할 필수 명소로 불린다.

토카렙스키 등대 Токаревский маяк

블라디보스토크 남부 끝에 위치한 작은 등대. 항구 도시인 블라디보스토크를 상징하는 또 하나의 스폿으로, 조수간만의 차로 하루 몇 시간만 접근할 수 있다. 루스키 대교 조망과 일출 장소로도 유명하다.

포크롭스키 정교회 사원

Покровский кафедральный собор

블라디보스토크에서 가장 큰 정교회 사원. 유럽 양식이 더해져 화려하면서도 러시아 정교회 특유의 단조로움이 인상적이다. 대성당 주변으로 공원이 조성돼 있어 주말이면 성당을 찾는 시민들의 일상적인 모습도 볼 수 있다.

즐길 거리

마린스키 극장 Мариинский театр

러시아 상트페테르부르크에 있는 오페라 극장인 마린스키 극장의 극동 지부다. 현대적이면서도 러시아 특유의 분위기를 자아내는 극장으로, 러시아 하면 떠오르는 발레 공연부터 오페라, 뮤지컬 등 다양한 공연이 열린다.

루스키섬 트레킹
Русский остров

자연의 섬 루스키를 100% 즐길 수 있는 방법. 이정표도 없는 비포장길 이라는 단점이 있지만 자연 그대로 의 길을 한가로이 걷다 보면 해안 절벽 등 영화에서나 볼 법한 아름다운 풍경을 만날 수 있다.

연해주 국립 미술관
Приморская государственная картинная галерея

100년이 넘은 유럽풍 건물에 고풍스러운 실내 공간이 인상적인 곳이다. 우리에게 익숙한 서유럽 미술과는 다른 러시아만의 특색 있는 미술 작품이 전시된다.

아르세니예프 향토 박물관
Приморский музей имени Арсеньева

극동 지역 최초이자 최대 규모의 향토 박물관. 극동 지
역의 탄생부터 지금까지의 변화와 역사를 만날 수 있다.

요새박물관 Владивостокская крепость

100여 년 동안 사용됐던 군 요새를 복원, 개보수해 개관한
박물관. 전쟁 당시 실제 사용했던 무기부터 비밀 보고서,
협정서 등 전쟁 자료까지 전시돼 있다. 유리로 덮인 다른
박물관과는 달리 일부 전시품은 오픈형으로 전시돼 있다.

프리모르스키아쿠아리움 Приморский океанариум

6년 만에 오픈한 러시아 최대 규모의 수족관. 수중 생물은 물론 해양 생물의 진화 과정을 보여 주는
해양 과학관과 공연장까지 갖춰 가족 단위 여행자라면 가 볼 만한 핫 플레이스다.

먹거리

곰새우 медведка

생김새가 마치 곰을 닮았다고 하여 곰과 새우라는 단어가 합쳐진 곰새우медведка[메드베드까]. 단단한 껍질과 비주얼이 영 어색하지만 새우보다 쫄깃한 식감에 한번 맛보면 헤어 나올 수 없다.

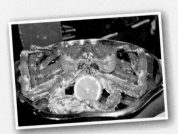

킹크랩 King crab

깨끗하고 차가운 바다에서만 잡히는 갑각류의 왕 킹크랩. 한국의 절반 가격에 속이 꽉 찬 킹크랩을 즐길 수 있다.

해산물(극동 요리)

가리비, 조개 관자, 생선구이 등 제철 해산물을 사용하는 극동 요리. 저렴한 가격도 매력적이지만 종류 또한 다양하다.

샤슬릭 шашлык

고기와 각종 채소, 해산물 등을 먹기 좋은 크기로 잘라 양념에 재워 둔 뒤 꼬치에 꽂아 숯불에 구워 먹는 러시아 전통 바비큐. 우리나라 입맛에도 잘 맞아 부담 없이 먹을 수 있는 요리다. 소, 돼지, 양, 닭 중 기호에 맞게 선택할 수 있다.

보르시 Борщ

육수에 양배추, 양파, 붉은 채소인 비트와 토마토를 넣고 끓인 후 샤워크림으로 마무리하는 붉은 수프. 러시아 사람들에게 사랑받는 수프로 영양소 또한 풍부하다.

블리니 блины

러시아 팬케이크라 불리는 러시아 전통 음식. 우리나라의 밀전병을 연상케 하는 비주얼로, 메밀가루와 밀가루를 혼합해 얇게 구워 낸 후 크림, 꿀, 캐비아, 소시지, 버섯 등 다양한 재료가 들어간다. 식사 대용은 물론 디저트로도 좋다.

우하 Уха

우리가 즐겨 먹는 맑은 매운탕처럼 깔끔하고 담백한 맛이 일품인 러시아식 생선 수프. 겨울에 즐겨 먹는 러시아 전통 수프로 레스토랑에서는 제철 생선을 넣은 시즌별 우하를 선보인다.

펠메니 пельмени

시베리아식 만두로 유명한 펠메니. 밀가루를 반죽해 고기와 양파로 속을 채운 작고 둥근 러시아 전통 만두. 우리의 물만두와 비교하면 만두피는 살짝 두껍지만 속은 부드럽고 맛있다. 어떤 재료를 넣어도 맛이 무난해 종류가 무척 다양하다.

힌칼리 Хинкали

소련이 붕괴하면서 독립한 신생 국가 조지아의 전통 만두. 삼각형 모양으로 솟아오른 복주머니 형태로, 맛은 펠메니와 비슷하지만 만두피 안 육즙이 가득해 맛이 진하고 담백하다. 힌칼리를 먹는 방법은 아랫부분에 구멍을 내 육즙을 먹은 다음 윗부분을 손으로 잡고 하단 부위를 먹는 방식으로 손잡이 부분은 먹지 않는다.

하차푸리 хачапури

잘 구워 낸 빵 안에 녹인 치즈를 듬뿍 담고 그 위에 계란이나 버터를 부어 섞은 후 먹는 조지아 전통 음식. 빵은 피자 도우와 유사하고 계란의 고소함과 치즈 고유의 맛이 어우러져 담백하고 맛있다.

케이크

차를 즐겨 마시는 국가답게 차와 어울리는 디저트도 발달했다. 거리 곳곳에 있는 베이커리에는 각종 디저트가 가득한데 그중 케이크는 러시아인들이 가장 좋아하는 디저트 중 하나다. 화려하진 않지만 입안에서 살살 녹는 러시아 케이크. 종류도 다양하고 가격대도 저렴하니 기호에 맞게 여러 종류의 케이크를 맛보자.

모르스 Морс

체리, 산딸기 등 베리과 과일로 만든 전통 음료. 농도에 따라 맛이 달라지는 국민 음료다. 맛이 새콤달콤해 여름에 마시면 청량감 넘치고 식전에 마시면 입맛을 돋운다.

북한음식

북한 정부가 직접 운영하는 북한 식당 평양관이 운영 중이다. 깔끔하고 담백한 평양식 냉면부터 광어찜, 군만두까지 전통 북한 음식을 경험할 수 있다.

거리 음식 스페셜

전 세계 어디를 가도 존재하는 거리 음식. 저렴한 가격은 물론 맛까지 좋아 남녀노소 즐겨 찾는 인기 음식이다. 블라디보스토크 역시 유동 인구가 많은 곳에 가면 어김없이 인기 음식을 파는 곳이 존재하는데, 양도 푸짐하고 무엇보다 가성비가 아주 좋다. 거리 음식을 파는 곳은 크게 두 타입으로 나뉜다. 하나는 독립된 작은 건물의 가판대로 불을 사용한 조리 음식을 주로 판매하고, 다른 하나는 이동식 노점 형태로 이미 만들어진 음식을 따뜻하게 보관해 판매한다. 블라디보스토크 시내 곳곳에 여러 매장이 있으니 마음에 드는 음식을 선택하고 여행 중 발견하면 즐겨 보자. 참고로 본 책에는 3부 지역 여행에서 두 타입의 가게가 모두 모여 있는 '먹자 거리'를 소개하고 있다.

이동식 노점 타입

판세 Пян-се `65루블`

나뭇결무늬로 주먹만 한 크기의 왕만두. 사할린의 주도인 유즈노사할린스크에서 살았던 한인 이주민이 만들어 먹은 개성 만두인 편수에서 유래된 만두다. 찐빵 같은 두툼한 겉과는 달리 돼지고기, 양파, 양배추 등 각종 채소가 푸짐한 속은 촉촉하고 맛있다.

벨랴시 Беляш `65루블`

크로켓과 비슷한 맛과 형태를 한 러시아 전통 파이. 조금 다른 것이 있다면 안에 들어가는 다진 고기의 일부를 노출한 채 구워 육즙은 많지 않지만 고기의 식감이 괜찮다.

삐라족 ПИРОЖОК `35루블`

이스트가 들어간 밀가루 반죽 안에 야채, 고기 등 다양한 소를 넣고 굽거나 기름에 튀긴 러시아 전통 빵. 무엇이든 넣을 수 있어 종류가 다양하다.

고정식 가판대

샤우르마 ШАУРМА `140루블~`

터키에 전통 음식 케밥이 있다면 러시아에는 샤우르마가 있다. 전병에 고기, 야채 등 각종 속 재료를 가득 넣고 철판으로 살짝 누른 후 소스로 마무리한다. 맛은 기본이고 한 끼 식사로도 부족하지 않을 만큼 양도 괜찮다.

체부레키 чебуреки `140루블~`

기름에 튀겨 낸 반달 모양의 튀김만두. 러시아 국민 간식으로 불릴 만큼 베이커리, 마트 등 거리 곳곳의 상점에서 쉽게 볼 수 있는 음식이다. 겉은 바삭하고 속은 맛있다. 우리의 튀김만두처럼 눅눅하면 맛이 없고 막 튀겨 낸 경우 육즙과 기름이 흐를 수 있으니 주의하자.

삼사 Самса `70루블~`

페이스트리에 고기를 넣고 기름에 튀기거나 화로에서 굽는 우즈베키스탄 전통 만두. 삼각형 모양으로 된 고기 파이로 맛이 고소하고 담백하다.

음식점에서 주문할 때

아무리 봐도 알 수 없는 러시아어. 고급 레스토랑을 제외하고는 거의 모든 식당의 메뉴판이 러시아어로만 표기돼 있어 주문하기가 어렵다. 어떤 음식을 판매하고, 어떤 재료가 들어가는지 러시아어를 전혀 모르는 여행자를 위해 메뉴판 속 자주 사용되는 단어를 소개한다.

구분	요리명	분류/추가
샐러드 Салат [살랕]	시저 샐러드 Салат цезарь [살랕 쩨지르]	닭고기 с курицей [스쿠릿쩨이]
		새우 с креветками [스크리베트카미]
	올리비에 샐러드(마요네스 드레싱) Салат Оливье [살랕 올리비에]	게살 с мясом краба [먀쌈 크라바]
수프 суп [쑵]	크림 крем [크렘]	시금치 шпината [쉬피나타]
		버섯 грибной [그리브노이]
		해산물 морепродуктов [마례쁘라둑타미]
	보르시 Борщ [보르쉬]	–
	우하(맑은 생선 수프) Уха [우하]	–
주류 алкоголь [알카골]	맥주 пив [삐브]	생맥주 живое пиво [쥐보이 삐바]
		병맥주 бутылочное пиво [부뜨이로취나야 삐바]
		캔맥주 банка пива [반카 삐바]
	와인 вино [비노]	레드 와인 Вино красное [비노 크라스나야]
		화이트 와인 Вино белое [비노 뼬라야]
	보드카 водка [보드카]	러시안 스탠더드 Русский Стандарт [루스키 스탄다르트]
		벨루가 보드카 Водка Белуга [보드카 뼬루가]
	샴페인 Шампанское [샴판스카야]	–

구분	요리명	분류/추가
메인 요리 Вторые Блюда [브타로예 블류다]	샤슬릭 шашлык [샤슬릭] 스테이크 Стейк [스테이크]	소고기 Говядина [가뱌지나]
		송아지고기 телятина [텔랴찌나]
		돼지고기 свинина [스비니나]
		양고기 баранина [바라니나]
		닭고기 курица [쿠리짜]
		갈빗살 Антрекот [안트리꼬트]
		사슴고기 оле [올레]
	파스타 Пасты [빠스트이]	까르보나라 Карбонара [까르바나라]
	크랩 КРАБ [크랍]	캄차트카 크랩 КАМЧАТСКИЙ КРАБ [캄챁스키 크랍]
	해산물 морепродуктов [마례쁘라둑타미] 사시미 Сашими [사쉬미] 구이 мясо [먀싸]	가리비 МОРСКОЙ ГРЕБЕШОК [마스코이 그리비쇼크]
		롤 Устрица [우스트리짜]
		조개 Вонголе [반골레]
		농어 Окунь [오쿤]
		광어 камбала [캄발라]
디저트 Десерты [디시에르트]	케이크 торт [또르트]	티라미수 Тирамису [티라미수]
		치즈 케이크 Чизкейк [치즈케이크]
		나폴레옹 케이크 Наполео [나뽈레오]
	아이스크림 моро [모로]	–
	과일 фрукты [쁘룩트이]	–
	차 Чай [챠이]	자스민 Жасмин [쟈스민]
		녹차 Зелёный чай [질료느이 챠이]
		얼그레이 Эрл Грей [에를 그레이]
		홍차 чёрный чай [쵸르느이 챠이]

살 거리

초콜릿 Шоколад

맛은 물론 선물용으로 인기인 러시아 초콜릿. 아이 얼굴이
그려진 1965년 탄생한 국민 초콜릿 알룐까 초콜릿과 100
년의 역사를 가진 연해주 제과에서 출시한 다시마 초콜릿
등 다양한 맛과 특색을 가진 초콜릿이 가득하다.

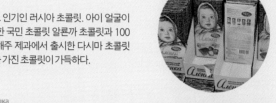

마트료시카 матрёшка

러시아 하면 떠오르는 가장 대표적인 이미지인 러시아 목
제 인형. 러시아 여행을 다녀온 여행자들은 하나쯤 구매해
온다는 인기 기념품이다. 인형의 몸체를 상하로 분리하면
그 안에 더 작은 인형이 반복해서 들어 있다. 크기와 인형
수, 그려진 이미지와 제품 퀄리티에 따라 가격이 달라지는
데, 기념품이라면 작은 사이즈 300~500루블, 선물용이
라면 2,000루블 정도는 예상해야 한다. 제품에 따라 디테
일의 차이가 크니 되도록 꼼꼼히 살펴보고 결정하자.

홍차 & 각종 티

통계로 1인당 연간 550잔 정도의 차를 마신다는 러시아.
그만큼 차 문화가 발달됐는데, 그중 홍차는 국민 차라 불릴
만큼 인기가 좋다. 그린 필드, 테스TESS 등 여러 브랜드에는
홍차 외에도 다양한 티가 준비돼 있으니 마음에 드는 제품
을 선택하자.

화장품 & 뷰티 제품

당근 크림, 흑진주 크림 등 러시아에서는 오래전부터 천연
화장품을 연구하고 제품을 출시하고 있다. 화학 재료를 최
소화 하여 트러블도 적고 피부 보호력이 뛰어난데다가 가
격까지 매우 착해 블라디보스토크 여행 시 꼭 사야 할 쇼핑
리스트 No. 1으로 손꼽힌다. 국내 제품과 비교하면 기능면
에서는 부족할 수 있지만 가성비만큼은 한국제품보다 좋다.
인기 크림, 화장품, 뷰티 제품은 다음 페이지를 참고하자.

보드카

러시아 여행 하면 빠질 수 없는 술, 보드카. 러시아 대통령 푸틴이 즐겨 마신다는 벨루가부터 국민 브랜드 루스키 스탄다르트 등 종류도 맛도 다양하다. 국내와는 비교할 수 없을 정도로 가격대도 저렴해 인기다. 입국 시 면세 한도는 1인 1병(400$ 이내, 1L)이니 주의하자. 초과 시 벌금이 구매 가격보다 높을 수 있다.

해산물

극동 지방 최대 규모의 항구 도시인 만큼 킹크랩, 곰새우, 관자 등 해산물이 무척 저렴하다. 마트를 비롯해 공항에서는 가공된 해산물을 판매하는데, 특히 공항은 아이스팩 포장(유료)을 해줘 편리하게 한국까지 가져올 수 있다. 게살, 킹크랩 집게발, 곰새우 등 종류도 다양하니 입국 또는 귀국 시 블라디보스토크 공항 1층 해산물 판매 매장을 들러 보자.

캐비아 Caviar

세계 3대 진미로 손꼽힌 철갑상어 알을 소금에 절인 식품. 생산량이 적다 보니 가격이 비싼데 러시아는 전 세계 최대 생산국인 만큼 종류도 다양하고 가격도 괜찮다. 철갑상어 알은 검은 이끄라 чёрная икра라 불리고 연어 알은 붉은 이끄라 красная икра로 부른다. 클로버 하우스 지하 1층 프레시 25 등 시내 곳곳에서 살 수 있다.

꿀 мёд

러시아는 가짜 꿀이 없다 할 정도로 채집량도 많고 종류도 다양하다. 특히 천혜의 자연을 보존한 연해주 지역의 꿀은 러시아에서도 유명한데 맛도 맛이지만 영양가도 많아 인기다. 하얀 보리수 꿀은 여행자들이 가장 즐겨 찾는 인기 꿀이다. 대형 마트에서 제품으로 나온 꿀도 괜찮다. 주말 시장이나 공항에서도 판매하고 있다.

샤프까 шапка

추운 러시아 날씨를 이겨 내기 위해 만들어진 러시아 털모자. 동물의 가죽과 털로 만들어 보온성만큼은 매우 우수하다. 문제는 가격인데 좋은 털을 사용한 제품은 한화로 10만 원 대를 훌쩍 넘고, 브랜드 제품은 최소 20~30만 원 예산을 잡아야 한다.

그릇&찻잔

러시아 황실에서 사용했던 황실 도자기 임페리얼 포슬린(로마노소프)과 오래된 역사와 전통을 가진 국민 도자기 그젤까지 여심을 유혹하는 찻잔과 그릇, 주전자 등 도자기 제품이 가득하다. 기념품으로 구매하기에는 가격대가 높은 편이지만 국내에서 한 번쯤 해당 제품을 사용해 봤다면 꼭 구매할 정도로 국내 판매 가격보다 저렴하고 디자인도 다양하다.

차가버섯

자작나무에서 기생하는 약용 버섯이다. 항암 효과에 탁월해 국내에서도 많은 사람이 찾는 효능 좋은 버섯이다. 시베리아 혹한에서 자란 것이 약효가 가장 좋기로 알려져 있다. 말린 형태보다는 블라디보스토크 시내 약국에서 판매하는 캡슐형이나 분말 타입을 추천한다.

유제품

유제품 천국이라 이야기해도 될 정도로 정말 많은 유제품이 있다. 선물용으로 인기인 치즈만 해도 그 종류가 수십 종인데 가격도 착하고 맛도 괜찮다.

쇼핑할 때 유용한 팁

블라디보스토크 기념품 NO.1 화장품. 국내 모 방송 프로그램에서도 소개된 당근 크림을 비롯해 진주 크림 등 가성비 좋기로 유명한 제품이 가득하다. 가격도 저렴해 선물용으로도 인기인데 제품 수가 너무 많아 고르는 것이 쉽지 않다. 그래서 러시아판 드러그스토어인 츄다데이를 기준으로 잘나가는 브랜드 제품을 소개한다.

네바 코스메틱 невская косметика

치약부터 유아용 화장품까지 다양한 제품을 생산하는 러시아 코스메틱 브랜드. 1839년 설립된 브랜드로 러시아 화장품 분야 10대 제조사 중 한 곳이다. 여행자들에게는 수분 가득한 페이스 당근 크림으로 유명해졌는데, 가성비가 매우 훌륭하다. 추운 날씨가 지속되는 겨울과 여행자가 몰리는 시즌에는 매장에서 찾아볼 수 없을 정도로 인기나 보이면 바로 구매하자. 네바 코스메틱 제품은 드러그스토어인 츄다데이 외에도 기념품 숍에서도 판매한다. 판매점마다 가격 차이가 약간씩 있으니 대량 구매를 계획한다면 가격 비교는 필수다.

홈페이지 www.nevcos.ru / 사용이미지 출처 www.nevcos.ru/catalog/skin_and_hair/

페이스 크림 Крем для лица

알로에 Алоэ	인삼 Женьшеневый	아보카도 Авокадо	포도 Виноград	석류 Гранатовый
보습, 염증 개선	눈 주름 개선, 탄력, 색조 개선	탄력, 수분	수분, 색조 개선, 탄력	피부 진정, 수분
녹차 Зелёный чай	**금잔화** Календула	**라놀린** Ланолиновый	**아몬드** Миндальный	**당근** Морковный
미백, 피부 보호	미백, 피부 재생	영양공급, 탄력, 염증 개선	영양 공급, 탄력	수분, 영양 공급, 노화 방지, 피부 개선
산딸기 Морошка	**갈매보리수** Облепиховый	**오이** Огуречный	**올리브** Оливковый	**복숭아** Персиковый
보습, 수분, 색조 개선	비타민, 영양 공급 보습, 탄력	보습, 피부톤 개선	영양공급, 피부 보호	영양공급, 탄력
카모마일 Ромашка	**고래기름** Спермацетовый	**들장미** Шиповник		
영양 공급, 보습, 피부 회복	영양 공급	피부톤 개선, 재생 수분 공급		

33

핸드크림 Крем для рук

레몬 글리세린! Лимонно-глицериновый	산자나무-글리세린! Облепихово-глицериновый	올리브-글리세린! Оливково-глицериновый
피부 트러블 완화, 피부톤 미백 효과	수분 증발 방지, 노화 방지	보습, 피부 보호, 진정효과

풋 크림 Крем для ног

인산-글리세린! Женьшенево-глицериновый	로뎀나무 Можжевеловый	질경이
피부활력, 노화 방지	트러블, 피부 진정, 노화 방지	피부 보습 및 탄력 개선

화장품 관련 러시아어

종류	샴푸 шампунь	**용도별**	데이(낮) Дневные
	린스 Бальзам		나이트(밤) Ночные
	로션 Лосьон	**사용자별**	남성용 Для мужчин
	크림 крем		여성용 Для женщин
	크림젤 Крем-гель		공통 унисекс
	아이크림 крем(гель) для век		가정용 ДОМАШНИЙ
	세럼 Сыворотки	**헤어용 구분**	모든 모발 유형 Для всех типов волос
	오일 Масла		가는 모발 Для тонких волос
	마스크 Маска		굵은 모발 Для тусклых волос
	스크럽 Скраб		얇은 모발 Для сухих волос
부위별	얼굴용 Для лица		약한 모발 Для ломких волос
	머리카락용 Для волос	**효과별**	복원/재생 восстановление
	손 Для рук		영양 питание
	발 Для ног		보습 Увлажнение
	보디 Для тела		볼륨 Объем
용도별	목욕용 Для ванн		탈모 방지 против выпадения волос

아가피아 할머니 레시피 Рецепты бабушки Агафьи

천연 식물성 원료를 사용한 각종 뷰티 제품을 선보이는 브랜드다. 오래전부터 전해 오는 전통 방식을 고수해 단기간에 러시아는 물론 인접 국가까지 성공적으로 진출했다. 지금은 드러그스토어나 마트에서 주로 파는 대중적 브랜드로 자리하고 있지만 가격대가 비싼 브랜드 제품과 비교해도 품질이 절대 뒤지지 않는다. 샴푸, 린스, 팩 등 헤어 제품이 인기고, 자극성이 약해 어린이용 제품도 잘나간다. 제품 종류가 워낙 많으니 아래 인기 상품이 아닌 나에게 딱 맞는 제품을 원한다면 출발 전 회사 홈페이지를 통해 자세한 내용을 살펴보고 미리 구매할 제품 리스트를 작성해서 가자.

홈페이지 www.1reshenie.ru

인기 상품 Best 6

목욕용 허브 비누 컬렉션 Мыло для бани Травы и сборы Агафьи	가정(주방)용 비누 Домашнее мыло Агафьи	모발 강화샴푸 Густой шампунь Агафьи
시베리아 지역에서 오래전부터 내려오는 전통 방식으로 만든 허브 비누. 검은색(자작나무), 분홍색(꽃가루), 흰색(염소 우유, 버드나무추출액) 총 3종이 있다. www.1reshenie.ru/index.php?page=277	천연 재료를 사용한 수제 비누. 피부에 좋은 재료가 포함돼 있어 식기용 세제 외에도 사용 가능하다. 노란색은 카모마일, 녹색은 민트+레몬 제품이다. www.1reshenie.ru/index.php?page=334#10	소나무, 꿀, 우엉 등 천연 재료가 들어가 수분과 영양을 공급하는 모발 강화 샴푸 www.1reshenie.ru/index.php?page=339#10
우엉 헤어 마스크 маска для волос репейная	탈모 방지샴푸 Особый Шампунь Агафьи	영양 핸드 크림 крем Питательный
손상된 머리카락에 영향을 공급해 재생시키는 모발 관리 헤어 마스크. 탈모 관리를 위한 분효모Дрожжевая 제품도 있다. www.1reshenie.ru/index.php?page=334#10	한국인 여행자들에게 가장 인기 좋은 샴푸, 두피 영양에 좋은 각 종 천연재료가 함유되어 모발을 건강하게 한다. www.1reshenie.ru/index.php?page=339#40	여행자들에게 유명한 당근 크림 못지 않게 가성비 좋기로 유명한 크림. 선물용으로 인기다. www.1reshenie.ru/index.php?page=289

Vladivostok

베스트 추천 코스

동행별 여행
혼자 떠나는 여행
친구와 함께 떠나는 여행
연인과 함께 떠나는 여행
아이와 함께 떠나는 여행

기간별 여행
2박 3일 여행
3박 4일 여행
4박 5일 여행

비행기로 2시간 남짓 걸리는 접근성과 아시아 국가와는 사뭇 다른 블라디보스토크. 분명 우리가 주말에 가볍게 다녀오던 여느 여행지와는 다른 곳이다. 그만큼 정보도 부족하고 어디를 가야 할지 막막한 것이 여행자들의 마음. 2부에서는 인기 있는 블라디보스토크 명소들과 맛집, 쇼핑 장소까지 다양하게 구성해 가장 많이 다녀오는 2박 3일, 3박 4일 일정으로 소개한다. 콘셉트, 구성원, 일정에 따라 달라지는 다양한 여행자들의 니즈를 맞출 수 있도록 동선에 맞추어 최대한 많은 코스를 만들었으니 막막하거나 답답할 때 한 번씩 참고하도록 하자.

혼자 떠나는 여행

혼자만이 즐길 수 있는 여유로움. 해양 공원을 따라 산책도 해보고, 중앙 광장에서 여유
롭게 커피 한잔을 마시며 자유로이 여행할 수 있는 것이 장점이다. 붐비는 맛집보다는
분위기 있는 카페와 혼자도 괜찮은 가성비 좋은 레스토랑, 테이크 아웃 커피 한잔 들고
주요 명소들을 가볍게 둘러보는 코스로 구성했다. 혹 발레나 오페라 공연을 좋아한다면
2일차 저녁 마린스키 극장에서 공연을 보는 일정도 괜찮으니 취향에 따라 선택하자.

Day.1 블라디보스토크 국제공항 ➡ 블라디보스토크 기차역 ➡ 숙소 체크인 ➡ 알리스
커피(테이크 아웃) ➡ 해양 공원 ➡ 수프라 ➡ 클로버 하우스(프레시 25) ➡ 숙소

블라디보스토크   버스   블라디보스토크   도보   숙소 체크인   알리스 커피
국제공항   60분   기차역   5분 내외   (테이크 아웃)

도보
2분

숙소   도보   클로버 하우스   도보   수프라   도보   해양 공원
          5분   (프레시 25)   5분   3분

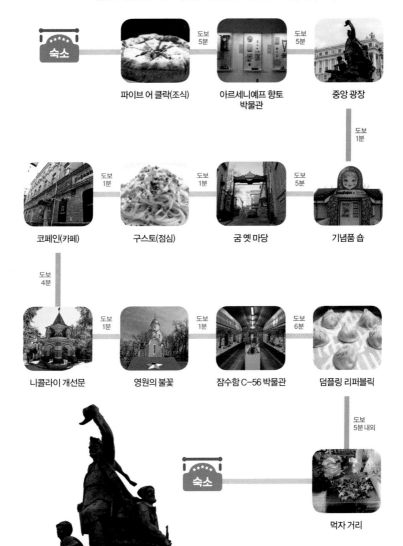

Day.2

숙소 ➜ 파이브 어 클락(조식) ➜ 아르세니예프 향토 박물관 ➜ 중앙 광장 ➜ 기념품 숍 ➜ 굼 옛 마당 ➜ 구스토(점심) ➜ 코페인(카페) ➜ 니콜라이 개선문 ➜ 영원의 불꽃 ➜ 잠수함 C-56 박물관 ➜ 덤플링 리퍼블릭 ➜ 먹자 거리 ➜ 숙소

숙소

파이브 어 클락(조식)

도보 5분

아르세니예프 향토 박물관

도보 5분

중앙 광장

도보 1분

코페인(카페)

도보 1분

구스토(점심)

도보 1분

굼 옛 마당

도보 5분

기념품 숍

도보 4분

니콜라이 개선문

도보 1분

영원의 불꽃

도보 1분

잠수함 C-56 박물관

도보 6분

덤플링 리퍼블릭

도보 5분 내외

숙소

먹자 거리

39

Day.3 숙소➡ 니 르이다이 ➡ 토카렙스키 등대 ➡ 삼베리(쇼핑) ➡ 블라디보스토크 기차역 ➡ 시베리아 횡단 열차 종착 기념비 ➡ 연해주 국립 미술관 ➡ 사비치(저녁) ➡ 해양 공원(일몰) ➡ 문샤인 ➡ 숙소

숙소   택시 20분 +도보 10분

니 르이다이   택시 10분

토카렙스키 등대

삼베리(쇼핑)

도보 5분

연해주 국립 미술관   도보 1분

시베리아 횡단 열차 종착 기념비

블라디보스토크 기차역   버스 7분+ 도보 1분

도보 2분

사비치(저녁)   도보 약 10분

해양 공원(일몰)   도보 5분

문샤인   숙소

Day.4 숙소 ➡ 스탈로바야 8분(식사) ➡ 츄다데이 ➡ 클로버 하우스(프레시 25) ➡ 숙소 체크아웃 ➡ 블라디보스토크 기차역 ➡ 공항

숙소   도보 5분

스탈로바야 8분(식사)   도보 5분

츄다데이

클로버 하우스 (프레시 25)

블라디보스토크 국제공항   공항철도 1시간 or 버스 65분

블라디보스토크 기차역   도보 5분 내외

숙소 체크아웃

친구와 함께 떠나는 여행

친구와 함께라면 숙소와 교통비 부담이 반으로 줄어들기 때문에 택시를 이용해도 부담이 적다. 특히 혹시 모를 안전 문제도 친구와 함께라면 덜 위험하니 혼자 가기에 부담스러운 시내 외곽이나 클럽, 바 등 러시아의 밤 문화를 즐겨 보자. 영어가 잘 통하지 않는 러시아지만 친구와 함께라면 어려운 과정도 멋진 추억으로 남을 것이다.

Day.1 블라디보스토크 국제공항 ➜ 숙소 체크인 ➜ 아르바트 거리(제독 포키나 거리) ➜ 해양 공원 ➜ 주마 ➜ 홀리 홉 ➜ 클로버 하우스(프레시 25) ➜ 숙소

블라디보스토크 국제공항 — 택시 50분 — 숙소 체크인 — 아르바트 거리 (제독 포키나 거리) — 도보 2분 — 해양 공원

도보 3분

숙소 — 클로버 하우스 (프레시 25) — 도보 5분 — 홀리 홉 — 도보 7분 — 주마

Day.2 숙소 ➡ 리퍼블릭 ➡ 블라디보스토크 기차역 ➡ 시베리아 횡단 열차 종착 기념비 ➡ 중앙 광장 ➡ 굼 옛 마당 ➡ 손켈 ➡ 니콜라이 개선문 ➡ 영원의 불꽃 ➡ 케이블카 ➡ 독수리 전망대 ➡ 팔라우 피시 ➡ 캣 앤 클로버 ➡ 숙소

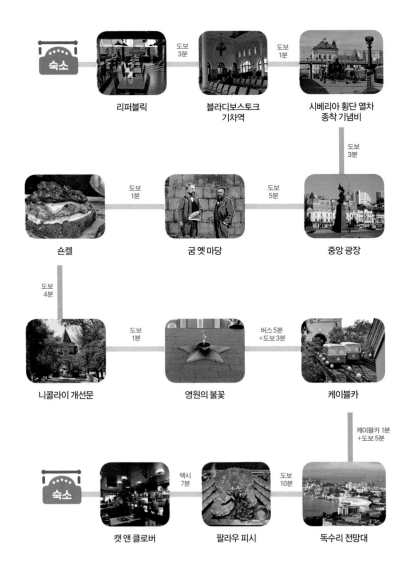

숙소

리퍼블릭

도보 3분

블라디보스토크 기차역

도보 1분

시베리아 횡단 열차 종착 기념비

도보 3분

손켈

도보 1분

굼 옛 마당

도보 5분

중앙 광장

도보 4분

니콜라이 개선문

도보 1분

영원의 불꽃

버스 5분 +도보 3분

케이블카

케이블카 1분 +도보 5분

숙소

캣 앤 클로버

택시 7분

팔라우 피시

도보 10분

독수리 전망대

Day.3

숙소 ➜ 토비지나 곶 ➜ 극동 연방 대학교 ➜ 이줌루드 플라자 ➜ 알리스 커피 ➜ 해양 공원 ➜ 수프라 ➜ 무미 트롤 뮤직 바 ➜ 숙소

숙소

토비지나 곶

버스 30분

극동 연방 대학교

버스 1시간

이줌루드 플라자

도보 7분

무미 트롤 뮤직 바

도보 2분

수프라

도보 3분

해양 공원

도보 2분

알리스 커피

숙소

Day.4

숙소 ➜ 신한촌 기념비 ➜ 페르보레첸스키 쇼핑센터 ➜ 블라제르 ➜ 포크롭스키 정교회 사원 ➜ 댑 버거 ➜ 숙소 체크아웃 ➜ 공항

숙소

신한촌 기념비

도보 6분

페르보레첸스키 쇼핑센터

도보 7분

블라제르

도보 7분

블라디보스토크 국제공항

택시 50분

숙소 체크아웃

댑 버거

버스 12분 or 택시 7분

포크롭스키 정교회 사원

숙소 추천
중앙 광장 또는
해양 공원 주변

연인과 함께 떠나는 여행

사랑하는 사람과 로맨틱한 분위기를 즐기기 위해 특별히 맛있고, 분위기 넘치는 곳을 위주로 일정을 계획했다. 마린스키 극장에서 공연도 즐기고 전망 좋은 레스토랑에서 식사도 하고 역사가 묻어나는 오래된 거리들을 걸으며 낭만적인 블라디보스토크를 즐겨 보자.

Day.1 블라디보스토크 국제공항 ➡ 숙소 체크인 ➡ 중앙 광장 ➡ 셰빌레바 ➡ 프로 커피 ➡ 숙소

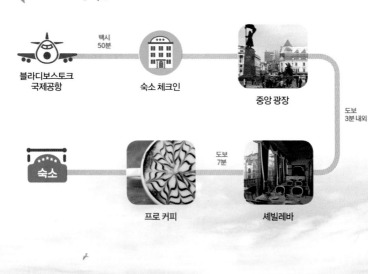

블라디보스토크
국제공항

택시
50분

숙소 체크인

중앙 광장

도보
3분 내외

숙소

프로 커피

도보
7분

셰빌레바

숙소 ➡ 스튜디오 ➡ 해양 공원 ➡ 성 이고르 체르니고프스키 성당 ➡ 굼 옛 마당 ➡ 구스토 ➡ 브스피쉬카 ➡ 니콜라이 개선문 ➡ 영원의 불꽃 ➡ 이즈 브라세리 ➡ 문샤인 ➡ 숙소

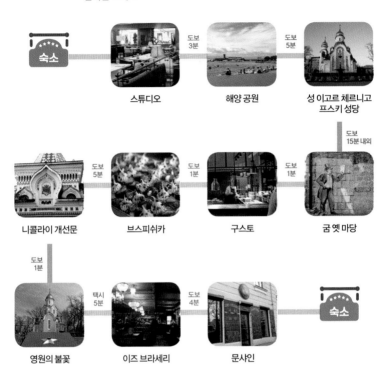

숙소 / 스튜디오 / 도보 3분 / 해양 공원 / 도보 5분 / 성 이고르 체르니고 프스키 성당 / 도보 15분 내외 / 니콜라이 개선문 / 도보 5분 / 브스피쉬카 / 도보 1분 / 구스토 / 도보 1분 / 굼 옛 마당 / 도보 1분 / 영원의 불꽃 / 택시 5분 / 이즈 브라세리 / 도보 4분 / 문샤인 / 숙소

숙소 ➡ 쇼콜라드니짜 ➡ 연해주 국립 미술관 ➡ 블라디보스토크 기차역 ➡ 시베리아 횡단 열차 종착 기념비 ➡ 호홀로마 ➡ 케이블카 ➡ 독수리 전망대 ➡ 마린스키 극장 ➡ 주마 ➡ 숙소

숙소 / 쇼콜라드니짜 / 도보 3분 / 연해주 국립 미술관 / 도보 2분 / 블라디보스토크 기차역

도보
2분

시베리아 횡단 열차
종착 기념비

도보
3분

호흘로마

택시
10분

케이블카

케이블카 1분
+도보 5분

숙소

주마

택시
20분

마린스키 극장

도보 5분
+
택시 10분

독수리 전망대

Day.4

숙소 ➔ 우흐뜨 블린 ➔ 츄다데이 ➔ 이브로쉐 ➔ 클로버 하우스(프레시 25) ➔ 숙소 체크아웃 ➔ 공항

숙소

우흐뜨 블린

도보
2분

츄다데이

도보
3분

이브로쉐

도보
3분

블라디보스토크
국제공항

택시
50분

숙소 체크아웃

클로버 하우스
(프레시 25)

아이와 함께 떠나는 여행

아이와 함께 떠나는 여행의 특성상 잦은 이동이나 혼잡한 지역은 아이와 부모 둘 다 피곤해지기 쉽다. 시내 외곽보다는 시내 중심으로 동선을 계획하고 아이들이 뛰놀 수 있는 공간과 아이들 교육에 좋은 박물관, 역사 유적지 그리고 그 사이에 있는 맛집 탐방을 추천한다.

Day.1 블라디보스토크 국제공항 ➜ 숙소 체크인 ➜ 아르바트 거리(제독 포키나 거리) ➜ 샤슬릭코프 ➜ 해양 공원 ➜ 숙소

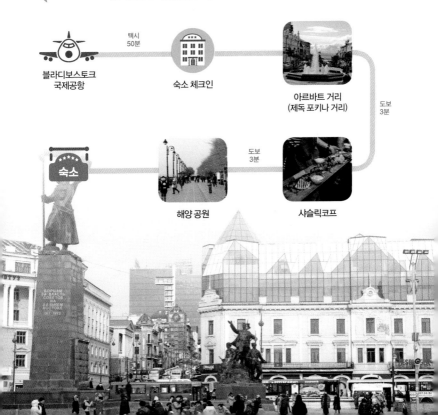

블라디보스토크
국제공항

택시
50분

숙소 체크인

아르바트 거리
(제독 포키나 거리)

도보
3분

숙소

해양 공원

도보
3분

샤슬릭코프

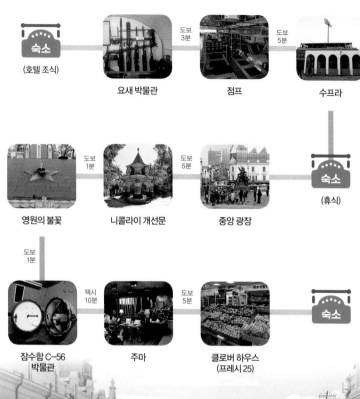

Day.2

숙소(호텔 조식) ➔ 요새 박물관 ➔ 점프 ➔ 수프라 ➔ 숙소(휴식) ➔ 중앙 광장 ➔ 니콜라이 개선문 ➔ 영원의 불꽃 ➔ 잠수함 C-56 박물관 ➔ 주마 ➔ 클로버 하우스 (프레시 25) ➔ 숙소

숙소
(호텔 조식)

도보 3분

요새 박물관

도보 5분

점프

수프라

영원의 불꽃

도보 1분

니콜라이 개선문

도보 5분

중앙 광장

숙소
(휴식)

도보 1분

잠수함 C-56 박물관

택시 10분

주마

도보 5분

클로버 하우스
(프레시 25)

숙소

숙소(호텔 조식) ➜ 프리모르스키 아쿠아리움 ➜ 블라디보스토크 기차역 ➜ 시베리아 횡단 열차 종착 기념비 ➜ 연해주 국립 미술관 ➜ 포르토 프랑코 ➜ 츄다데이 ➜ 숙소

숙소
(호텔 조식)

프리모르스키
아쿠아리움

택시
30분

블라디보스토크
기차역

도보
1분

시베리아 횡단 열차
종착 기념비

도보
5분

숙소

츄다데이

도보
5분

포르토 프랑코

도보
3분

연해주 국립 미술관

숙소(호텔 조식) ➜ 해양 공원 ➜ 해양 공원(놀이동산) ➜ 드루지바 ➜ 숙소 체크아웃 ➜ 공항

숙소
(호텔 조식)

해양 공원

도보
3분

해양 공원(놀이동산)

도보
3분

드루지바

블라디보스토크
국제공항

택시
50분

숙소 체크아웃

2박 3일 떠나는 여행

금요일 연차를 사용해 블라디보스토크를 방문하는 직장인을 위한 꽉 찬 일정이다. 새벽이나 오전 비행기를 이용하면 3박 4일 같은 2박 3일 일정이 가능하다. 기간이 짧고 조금은 바쁜 일정이니 편한 복장과 신발을 꼭 챙기도록 하자.

금요일 블라디보스토크 국제공항 ➡ 독수리 전망대 ➡ 케이블카 ➡ 푸시킨 기념 동상 ➡ 라테 ➡ 태평양 함대 군사 역사 박물관 ➡ 니콜라이 개선문 ➡ 영원의 불꽃 ➡ 일 데 보테 ➡ 자라 ➡ 굼 옛 마당 ➡ 코페인 ➡ 중앙 광장 ➡ 기념품 숍 ➡ 숙소 체크인 ➡ 주마 ➡ 캣 앤 클로버 ➡ 숙소

50

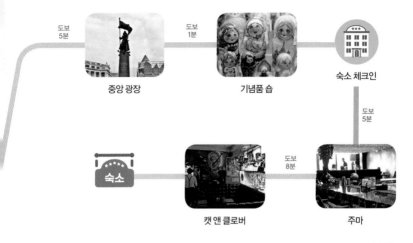

| 중앙 광장 | 기념품 숍 | 숙소 체크인 |

도보 5분 · 도보 1분 · 도보 5분

캣 앤 클로버 · 주마

도보 8분

 토요일

숙소 ➔ 스탈로바야 8분 ➔ 아르바트 거리(제독 포키나 거리) ➔ 알리스 커피 ➔ 토카렙스키 등대 ➔ 삼베리 ➔ 사비치 ➔ 블라디보스토크 기차역 ➔ 시베리아 횡단열차 종착 기념비 ➔ 마린스키 극장 ➔ 수프라 ➔ 문샤인 ➔ 무미 트롤 뮤직 바 ➔ 숙소

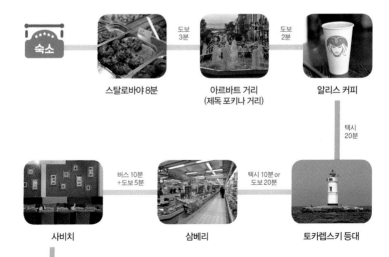

스탈로바야 8분 · 아르바트 거리 (제독 포키나 거리) · 알리스 커피

도보 3분 · 도보 2분

택시 20분

사비치 · 삼베리 · 토카렙스키 등대

버스 10분 +도보 5분 · 택시 10분 or 도보 20분

도보
3분

도보
1분

택시
20분

블라디보스토크
기차역

시베리아 횡단 열차
종착 기념비

마린스키 극장

택시
15분

숙소

도보
3분

도보
2분

무미 트롤 뮤직 바

문샤인

수프라

....

 일요일 숙소 ➜ 니 르이다이 ➜ 해양 공원 ➜ 요새 박물관 ➜ 클로버 하우스(프레시 25) ➜
츄다데이 ➜ 샤슬릭코프 ➜ 숙소 체크아웃 ➜ 공항

숙소

도보
5분

도보
5분

니 르이다이

해양 공원

요새 박물관

도보
5분

숙소 체크아웃

도보
5분

도로
4분

샤슬릭코프

츄다데이

클로버 하우스
(프레시 25)

택시
50분

블라디보스토크
국제공항

3박 4일 떠나는 여행

많은 여행자가 선호하는 3박 4일 일정이다. 도시 규모가 작은 편이기 때문에 3박 4일이면 유명 명소들을 대부분 둘러볼 수 있어 블라디보스토크 여행에 가장 적합하다고 할 수 있다. 하지만 여전히 맛집은 많고 못 먹어 본 음식도 많으니 부지런히 움직여 보자.

Day.1 블라디보스토크 국제공항 ➜ 블라디보스토크 기차역 ➜ 숙소 체크인 ➜ 댑 버거 ➜ 아르바트 거리(제독 포키나 거리) ➜ 알리스 커피 ➜ 성 이고르 체르니고프스키 성당 ➜ 요새 박물관 ➜ 해양 공원 ➜ 해양 공원(야외 푸드 코트) ➜ 무미 트롤 뮤직 바 ➜ 숙소

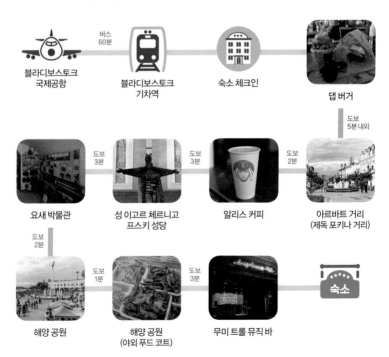

블라디보스토크 국제공항 — 버스 60분 → 블라디보스토크 기차역 — 숙소 체크인 — 댑 버거

댑 버거 — 도보 5분 내외 ↓

아르바트 거리 (제독 포키나 거리) — 도보 2분 → 알리스 커피 — 도보 3분 → 성 이고르 체르니고프스키 성당 — 도보 3분 → 요새 박물관

요새 박물관 — 도보 2분 ↓

해양 공원 — 도보 1분 → 해양 공원 (야외 푸드 코트) — 도보 3분 → 무미 트롤 뮤직 바 — 숙소

Day.2

숙소 ➔ 쇼콜라드니짜 ➔ 아르세니예프 향토 박물관 ➔ 중앙 광장 ➔ 블라디보스토크 기차역 ➔ 시베리아 횡단 열차 종착 기념비 ➔ 블라디보스토크 버스 정류장 ➔ 평양관 ➔ 토카렙스키 등대 ➔ 주마 ➔ 샤슬릭코프 ➔ 클로버 하우스(프레시 25) ➔ 숙소

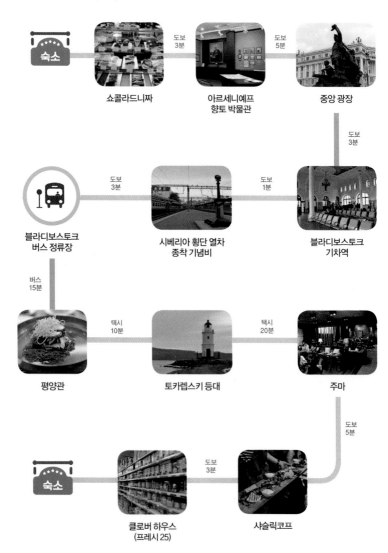

숙소

쇼콜라드니짜

도보 3분

아르세니예프 향토 박물관

도보 5분

중앙 광장

도보 3분

블라디보스토크 버스 정류장

도보 3분

시베리아 횡단 열차 종착 기념비

도보 1분

블라디보스토크 기차역

버스 15분

평양관

택시 10분

토카렙스키 등대

택시 20분

주마

도보 5분

숙소

클로버 하우스 (프레시 25)

도보 3분

샤슬릭코프

숙소 ➔ 우흐뜨 블린 ➔ 이줌루드 플라자 앞 버스 정류장 ➔ 신한촌 기념비 ➔ 페르
보레첸스키 쇼핑센터 ➔ 포트 카페 ➔ 포크롭스키 정교회 사원 ➔ 굼 옛마당 ➔ 브
스피쉬카 ➔ 니콜라이 개선문 ➔ 영원의 불꽃 ➔ 마린스키 극장 ➔ 수프라 ➔ 문샤
인 ➔ 숙소

숙소

우흐뜨 블린

도보
6분

**이줌루드 플라자 앞
버스 정류장**

버스 15분
+
도보 5분

신한촌 기념비

도보
5분

**포크롭스키 정교회
사원**

도보
12분

포트 카페

도보
10분

**페르보레첸스키
쇼핑센터**

버스 10분
+도보 5분

굼 옛 마당

도보
1분

브스피쉬카

도보
5분

니콜라이 개선문

도보
1분

영원의 불꽃

택시
7분

숙소

문샤인

도보
2분

수프라

택시
15분

마린스키 극장

Day.4 숙소 ➔ 독수리 전망대 ➔ 미쉘 베이커리 ➔ 와인랩 ➔ 클로버 하우스(프레시 25)
➔ 츄다데이 ➔ 숙소 체크아웃 ➔ 공항

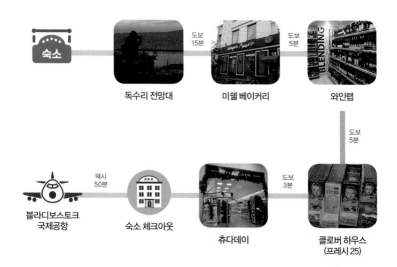

숙소

도보
15분

독수리 전망대

미쉘 베이커리

도보
5분

와인랩

도보
5분

**블라디보스토크
국제공항**

택시
50분

숙소 체크아웃

츄다데이

도보
3분

**클로버 하우스
(프레시 25)**

4박 5일 떠나는 여행

천혜를 입은 루스키섬에서 트레킹을 하고, 우리나라의 옛 선조들의 흔적을 따라가 볼 수
있는 4박 5일 일정이다. 도시의 규모가 큰 편이 아니어서 하루에 많은 명소를 찾아다니
기보다 여유롭게 각 지역들을 즐기면서 알아갈 수 있다. 맛집 탐방, 쇼핑 등 4박 5일 여
행을 즐기는 방법은 다양하니 일정을 참고해서 취향에 맞는 여행을 계획해 보자.

Day.1 블라디보스토크 국제공항 ➔ 숙소 체크인 ➔ 아르바트 거리(제독 포키나 거리) ➔
알리스 커피(테이크 아웃) ➔ 연해주 한인 이주 기념비 ➔ 성 이고르 체르니고프스
키 성당 ➔ 해양 공원(야외 푸드 코트) ➔ 해양 공원 ➔ 캣 앤 클로버 ➔ 숙소

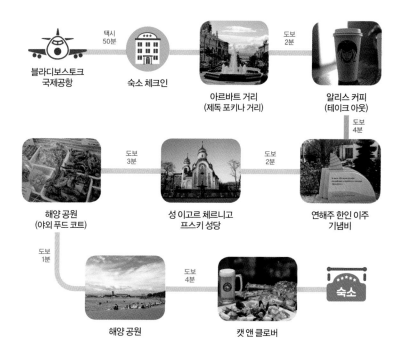

블라디보스토크   택시   숙소 체크인   아르바트 거리   도보   알리스 커피
국제공항   50분   (제독 포키나 거리)   2분   (테이크 아웃)

해양 공원   도보   성 이고르 체르니고   도보   연해주 한인 이주   도보
(야외 푸드 코트)   3분   프스키 성당   2분   기념비   4분

도보
1분

해양 공원   도보   캣 앤 클로버   숙소
            4분

Day.2 숙소 ➡ 댑 버거 ➡ 토카렙스키 등대 ➡ 평양관(점심) ➡ 블라디보스토크 기차역
➡ 시베리아 횡단 열차 종착 기념비 ➡ 연해주 국립 미술관 ➡ 포르토 프랑코 ➡ 문
샤인 ➡ 숙소

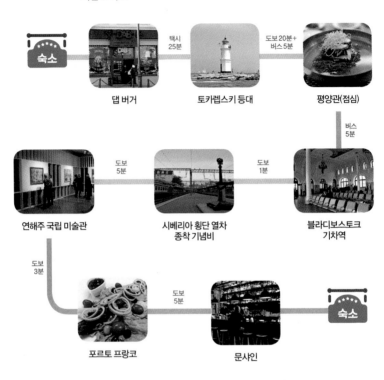

댑 버거   토카렙스키 등대   평양관(점심)

연해주 국립 미술관   시베리아 횡단 열차 종착 기념비   블라디보스토크 기차역

포르토 프랑코   문샤인

Day.3 숙소 ➡ 쇼콜라드니짜 ➡ 토비지나 곶(트레킹) ➡ 극동 연방 대학교(구내 식당) ➡
마린스키 극장 ➡ 수프라 ➡ 숙소

쇼콜라드니짜   토비지나 곶 (트레킹)   극동 연방 대학교 (구내 식당)

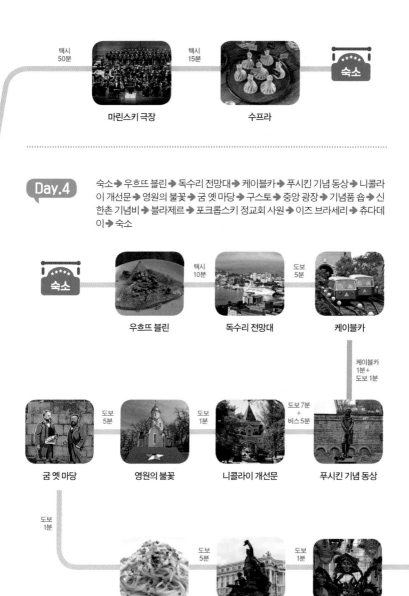

마린스키 극장

택시
50분

택시
15분

수프라

숙소

Day.4 숙소 ➜ 우흐뜨 블린 ➜ 독수리 전망대 ➜ 케이블카 ➜ 푸시킨 기념 동상 ➜ 니콜라이 개선문 ➜ 영원의 불꽃 ➜ 굼 옛 마당 ➜ 구스토 ➜ 중앙 광장 ➜ 기념품 숍 ➜ 신한촌 기념비 ➜ 블라제르 ➜ 포크롭스키 정교회 사원 ➜ 이즈 브라세리 ➜ 츄다데이 ➜ 숙소

숙소

우흐뜨 블린

택시
10분

독수리 전망대

도보
5분

케이블카

케이블카
1분+
도보 1분

굼 옛 마당

도보
5분

영원의 불꽃

도보
1분

니콜라이 개선문

도보 7분
+
버스 5분

푸시킨 기념 동상

도보
1분

구스토

도보
5분

중앙 광장

도보
1분

기념품 숍

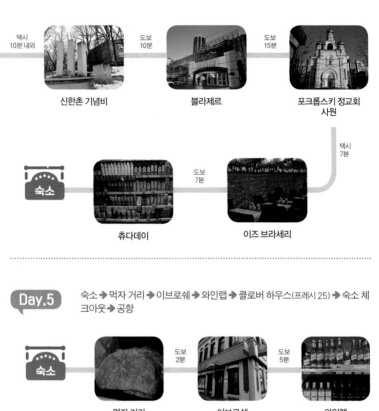

택시
10분 내외

신한촌 기념비

도보
10분

블라제르

도보
15분

포크롭스키 정교회
사원

택시
7분

숙소

츄다데이

도보
7분

이즈 브라세리

Day.5

숙소 ➜ 먹자 거리 ➜ 이브로쉐 ➜ 와인랩 ➜ 클로버 하우스(프레시 25) ➜ 숙소 체크아웃 ➜ 공항

숙소

먹자 거리

도보
2분

이브로쉐

도보
5분

와인랩

도보
4분

블라디보스토크
국제공항

택시
50분

숙소 체크아웃

클로버 하우스
(프레시 25)

Vladivostok
지 역 여 행

해양 공원 주변
중앙 공원 주변
남부 지역
시내 외곽
(신한촌 주변·금각교 주변·루스키섬)

해양 공원 주변

OCEAN PARK

블라디보스토크 시내 서쪽 해안인 아무르만Amur Bay과 접해 있는 지역이다. 과거 러시아로 이주한 고려인이 조성한 최초의 한인촌인 개척리가 있던 곳으로, 지금은 잘 정비된 해양 공원과 상점이 밀집해 있는 거리로 탈바꿈했다. 여행자 거리로 '아르바트 거리'라 불리는 제독 포키나 거리ул. Адмирала Фокина와 레스토랑이 모여 있는 스베틀란스카야ул. Светланская, 현지인은 물론 여행자 사이에서 최고의 맛집이라 불리는 주마ZUMA, 수프라Супра 등 유명 레스토랑이 가득해 블라디보스토크를 방문하는 여행자라면 한 번쯤 들르게 되는 인기 지역이다.

교통편

블라디보스토크에는 아직 지하철이 없어 도보나 버스, 택시를 이용해야 한다. 아쉽게도 해양 공원 주변에는 운행하는 버스 노선이 없어 도보나 택시를 타야 하는데, 다행히 지역이 넓지 않아 도보만으로도 충분히 돌아볼 수 있다. 혹 머무는 숙소가 시내 외곽에 있다면 대부분의 버스가 정차하는 클로버 하우스Клевер Хаус 앞 세묘놉스카야 Семёновская 버스 정류장에서 하차하면 된다. 하차 후 대각선에 있는 버거킹을 바라보고 왼쪽 도로로 올라가면 아르바트 거리(제독 포키나 거리)가 나온다. 막심이나 택시를 이용해도 이곳은 교통 체증이 있으니 클로버 하우스에서 내려 도보로 이동하자.

공항에서

🚗 **택시** 택시 부스를 이용하면 1,500루블, 막심을 이용하면 900~1,250루블 선이다. 택시는 3인까지 탑승 가능하고 소요 시간은 약 50분이다.

🚐 **버스** 출국장 앞 버스 정류장에서 107번 버스(1인당 200루블, 짐 1개당 100루블) 탑승 후 종착역인 블라디보스토크 기차역에서 내리면 된다. 소요 시간은 약 70분이며, 기차역을 바라보고 왼쪽으로 700m 걸어가면 왼쪽으로 아르바트 거리가 나온다.

동선 TIP

도보로 하루 정도면 충분히 돌아볼 수 있을 정도로 지역이 넓지 않다. 하지만 거리 곳곳에 핫 플레이스가 여럿 있어 동선을 짜는 데 신경을 써야 한다. 가고 싶은 식당과 상점 위주로 동선을 계획하고 중간중간 명소를 돌아보는 일정으로 계획하자.

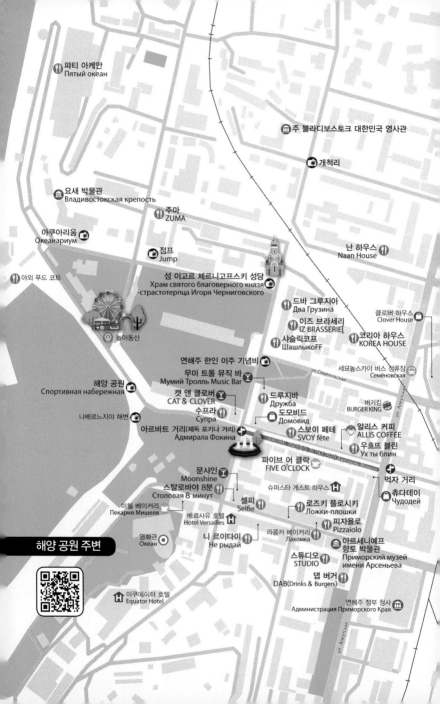

파티 아케안
Пятый океан

주 블라디보스토크 대한민국 영사관

개척리

요새 박물관
Владивостокская крепость

주마
ZUMA

아쿠아리움
Океанариум

점프
Jump

난 하우스
Naan House

성 이고르 체르니고프스키 성당
Храм святого благоверного князя
-страстотерпца Игоря Черниговского

드바 그루지아
Два Грузина

클로버 하우스
Clover House

이즈 브라세리
IZ BRASSERIE

야외 푸드 코트

코리아 하우스
KOREA HOUSE

샤슬릭코프
ШашлыкOFF

놀이동산

세묘놉스카야 버스 정류장
Семёновская

연해주 한인 이주 기념비

해양 공원
Спортивная набережная

무미 트롤 뮤직 바
Мумий Тролль Music Bar

드루지바
Дружба

버거킹
BURGER KING

캣 앤 클로버
CAT & CLOVER

도모비드
Домовид

나베르즈나야 해변

수프라
Супра

스보이 페테
SVOY fête

알리스 커피
ALLIS COFFEE

아르바트 거리(제독 포키나 거리)
Адмирала Фокина

우흐뜨 블린
Ух ты блин

파이브 어 클락
FIVE O'CLOCK

문샤인
Moonshine

먹자 거리

슈퍼스타 게스트 하우스

츄다데이
Чудодей

스탈로바야 8분
Столовая 8 минут

셀피
Selfie

로즈키 플로시키
Ложки-плошки

미쉘 베이커리
Пекарня Мишеля

베르사유 호텔
Hotel Versailles

피자욜로
Pizzaiolo

라콤카 베이커리
Лакомка

영화관
Океан

니 르이다이
Не рыдай

아르세니예프
향토 박물관
Приморский музей
имени Арсеньева

스튜디오
STUDIO

해양 공원 주변

댑 버거
DAB(Drinks & Burgers)

이쿠에이터 호텔
Equator Hotel

연해주 정부 청사
Администрация Приморского Края

해양 공원 주변
BEST COURSE

역사와 맛집 탐방 코스
주요 명소와 인기 맛집을 한번에

숙소   우흐뜨 블린(조식)   도보 1분···   알리스 커피 (테이크 아웃)   도보 5분···   연해주 한인 이주 기념비   도보 2분···   성 이고르 체르니고프스키 성당   도보 5분···

···도보 3분   아르세니예프 향토 박물관   ···도보 7분   해양 공원   ···도보 3분   주마 (레스토랑)   ···도보 3분   요새 박물관

댑 버거   도보 3분···   츄다데이(쇼핑)   도보 5분···   해양 공원(일몰)   도보 3분···   해양 공원 야외 푸드 코트   숙소

아이와 함께하는 하루 코스
명소와 아이들이 좋아하는 스폿을 한번에

숙소   아르세니예프 향토 박물관   도보 3분···   니 르이다이 또는 스탈로바야 8분(식사)   도보 3분···   연해주 한인 이주 기념비   도보 3분···   점프   도보 2분···

숙소   아르바트 거리   ···도보 1분   수프라 (레스토랑)   ···도보 5분   해양 공원   ···도보 2분   요새 박물관

블라디보스토크 최초의 한인 마을

개척리

📍 43.122155, 131.881255

주소 ул. Пограничная, 1~17 위치 해양 공원에서 블라디보스토크 총영사관까지 이어지는 포그라니치나야 (Пограничная) 도로 일대

1893년 블라디보스토크에 최초로 형성된 한인 마을이다. 군항 개발이 본격화 되면서 늘어난 한인을 수용하고자 만들어진 한인 거주 지역이다. 러시아어로는 '한인촌'이라는 뜻의 '카레이스카야 슬라보드카'라 하고, 한인들은 땅을 '개척한다'는 뜻의 '개척리開拓里'라 불렀다. 1911년 5월 콜레라 때문에 북쪽 언덕 위 신한촌으로 강제 이주하기 전까지 500여 가구가 거주했다. 이곳에는 계동 학교啓東學校를 비롯해 해외 한인 최초의 한글 신문인 해조신문海朝新聞과 안창호 선생, 안중근 의사와 밀접한 관계가 있는 교민 단체 신문 대동공보大東共報 등 항일 운동에 앞장선 언론 기관도 있다. 구소련 정부 시절 강제 철거로 인해 옛 모습은 찾아볼 수 없지만 연해주 지역 항일 운동의 본산이자 최초로 조성된 한인 마을로 의미가 있는 곳이며, 지금은 대한민국 총영사관이 자리하고 있다.

맛은 물론 분위기까지 좋은 인도 음식 전문점 ♀ 43.120755, 131.882965

난 하우스 Naan House [난 하우스] 🍴

주소 ul. Алеутская, 45a 위치 해양 공원 옆 성 이고르 체르니고프스키 성당을 바라보고 오른쪽으로 100m 직진 후 기차 건널목 지나 삼거리에서 오른쪽으로 150m 시간 11:00~다음 날 2:00 가격 200루블~(1인 예산) 홈페이지 www.naanhouse.ru 전화 423-264-88-54

100여 종의 인도 요리를 선보이는 분위기 좋은 레스토랑이다. 화덕에서 굽는 빵인 난Наан(90루블~)과 쇠꼬챙이에 꿰어 화로에서 구운 탄두리 치킨Тандури Чикен(370루블), 커리Карри(180루블~) 등 전통 인도 요리가 가득하다. 블라디보스토크에 있는 인도 음식점 중 꽤

유명한 식당으로, 인도인 주방장이 직접 요리해 본토 그대로의 맛을 즐길 수 있다. 인도식 카레와 난+밥이 함께 나오는 다이닝 세트 메뉴 아비디느이예 셰트이Обеденные сеты(295루블~)와 낮 12시부터 2시까지만 판매하는 런치 세트(250루블~)는 가성비가 좋다. 양념에 절인 닭고기를 화덕에 구워 기름기를 쏙 뺀 치킨 티카Чикен Тикка(380루블)나 샐러드Салаты(180루블~) 등 단품 메뉴도 훌륭하다. 메뉴판에는 사진과 영어가 같이 표기돼 있어 주문이 편리하다. 미니 굼 백화점에 6층 푸드존에도 매장이 있다.

접근성 좋은 러시아 정교회 성당 ♀ 43.120261, 131.880538

성 이고르 체르니고프스키 성당
Храм святого благоверного князя-страстотерпца Игоря Черниговского
[흐람 스비토가 블라가베르나바 끄냐쟈-스트라스타쩨르쯔짜 이고랴 체르니갑스카바] 📷

주소 ul. Фонтанная, 12 위치 아르바트 거리에서 바다 방향으로 내려가다 건널목 오른쪽 포그라니치나야(Пограничная) 도로로 240m 시간 24시간/ 내부: 10:00~19:00(월~토), 8:00~18:00(일) 홈페이지 www.sv-voin.ru

임무 수행 중 사망한 군인들을 추모하기 위해 지어진 정교회 사원이다. 2007년 완성된 21m 높이의 2층 건물로, 상층은 러시아 정교회 성인이자 순교자인 이고르 체르니고프스키Igor

Chernigovsky 예배당이 있고, 1층은 군인의 수호 성인인 드미트리우스 예배당이 있다. 실제로 사용되고 있는지 의심스러울 정도로 한적해 보이지만, 평일(11시, 17시)에는 마리아를 위한 찬송가 아카티스트Akathist를 시작으로 예배를 드리고, 토요일 11~13시는 토요 예배를 드린다. 러시아 정교의 시초가 된 동방 정교회의 건축 양식을 모방해 우리나라에서는 볼 수 없는 특색 있는 건축물이니 잠시 들러 살펴보고 기념사진을 남겨 보자. 해가 진 이후에는 조명을 밝혀 또 다른 분위기를 자아낸다. 종교 사원인 만큼 기본 예의는 필수다.

이색적인 분위기의 조지아 음식점

드바 그루지야 Два Грузина[드바 그루지나]

📍 43.120040, 131.880831

주소 ул. Пограничная, 12 위치 ❶ 아르바트 거리에서 바다 방향으로 내려가다 건널목 오른쪽 포그라니치나야(Пограничная) 도로로 190m ❷ 성 이고르 체르니고프스키 성당 대각선 건물 1층 시간 10:00~다음 날 2:00 가격 300루블~(샤슬릭), 190루블~(수프) 전화 423-226-85-80

소련이 붕괴하면서 독립한 국가 조지아의 음식을 전문으로 하는 레스토랑이다. 입구부터 벽화, 실내 가득 조지아 소품으로 꾸며진 이색적인 곳이다. 치즈를 넣고 반죽해서 만든 조지아 빵, 하차푸리Khachapuri 등 70여 종의 음식이 준비돼 있다. 양, 돼지, 소고기 중 선택이 가능한 샤슬릭(300루블~)과, 돼지고기와 버섯, 양파를 넣어 볶은 후 그 위에 조지아 치즈인 술루구니 치즈Suluguni cheese를 덮은 메테히 Metehi(350루블)가 인기다. 조지아 전통 빵인 하차푸리(250루블~) 주문은 필수다. 위치도 괜찮고 분위기도 좋아서 나름 맛집으로 알려졌지만 강한 맛과 부족한 친절도로 호불호가 갈린다. 참고로 가게 이름은 러시아어로 '두 명의 조지아인'이라는 뜻이다.

분위기 좋은 유럽풍 레스토랑

이즈 브라세리 IZ BRASSERIE[이즈 브라세리예]

📍 43.119625, 131.881126

주소 ул. Семеновская, 1д 위치 아르바트 거리에서 바다 방향으로 내려가다 건널목 오른쪽 포그라니치나야(Пограничная) 도로로 130m 직진 후 삼거리에서 횡단보도 건너 오른쪽 세메노브스카야(Семеновская) 도로로 55m 시간 12:00~24:00 가격 490루블~(그릴 요리), 420루블~(케밥), 520루블~(샤슬릭) 홈페이지 www.iz-brasserie.ru 전화 423-222-25-35

근사한 디너가 연상되는 내부 공간과 고급 와인부터 이탈리아, 프랑스, 러시아 요리까지 각종 요리를 선보이는 곳이다. 현지인들이 뽑은 블라디보스토크 No.1 레스토랑 수상 이력을 보유하고 있다. 앤티크하면서도 중후한 분위기와 거의 모든 메뉴의 맛도 훌륭하다. 화덕에서 구운 난이 함께 나오는 샤슬릭Шашлык(520루블~)과 스테이크стейк(530루블~)는 여행자들이 즐겨 찾는 요리다. 12시~17시에 20% 할인을 하니 참고하자. 블라디보스토크 물가와 비교하면 가격은 2배 정도 높지만 우리나라와 비교하면 합리적인 가격대의 레스토랑에 속하니 연인과 와인 한잔 즐기며 근사한 저녁 시간을 원한다면 강력 추천한다. 가게 앞의 주차장으로 사용하고 있으니 찾아갈 때 참고하자. 이곳을 찾는 러시아인들은 음료부터 식전 빵-수프-샐러드-메인 요리-디저트 순의 단품별 코스 요리를 즐긴다.

50여 개 매장을 운영하는 샤슐릭 & 그릴 요리 전문점

📍 43.119507, 131.880617

샤슐릭코프 ШашлыкоFF [샤슐리꼬프]

🍴

주소 1.ул. Пограничная, 10 위치 아르바트 거리에서 바다 방향으로 내려가다 건널목 오른쪽 포그라니치나야(Пограничная) 도로로 170m 후 오른쪽 건물 2층 시간 10:00~다음 날 2:00(일~목), 10:00~다음 날 3:00(금~토) 가격 1,399루블~(100cm 샤슐릭), 409루블~(스테이크) 홈페이지 www.shashlikoff.com 전화 423-230-21-34

2009년 러시아 중부 도시 노보시비르스크에서 시작해 지금은 러시아 전역 약 50개 매장을 운영하는 그릴 요리 전문점이다. 간판은 물론 메뉴판에도 창업주의 얼굴을 사용할 만큼 맛과 좋은 서비스를 자부하는 곳이다. 기존의 러시아 식당들과는 달리 깔끔하게 정돈된 미국식 인테리어와 패밀리 레스토랑처럼 메뉴도 다양하다. 시그니처 메뉴이자 인기 메뉴는 긴 나무 접시에 구운 각종 채소와 샤슐릭이 100cm로 나오는 샤슐리크 빠 메트람Шашлык по метрам(1,399루블~)이다. 질 좋은 생선을 사용하는 연어 스테이크(799루블), 참치 스테이크(739루블)도 괜찮다. 메뉴판에는 모든 음식 사진이 실려 있어 주문도 매우 편리하다. 오전 10시부터 오후 4시까지는 비즈니스 타임으로 할인과 스파게티, 볶음밥 등 100루블 이하의 저렴한 런치 메뉴도 있다. 간이 약해 러시아 음식이 입에 맞지 않는 여행자라면 강력 추천하고 이용객이 많은 주말에는 예약이 필수다.

1995년부터 운영하고 있는 한국 음식점

📍 43.119410, 131.882233

코리아 하우스 KOREA HOUSE [까레야 하우스]

🍴

주소 ул. Семеновская, д.76 위치 아르바트 거리에서 바다 방향으로 내려가다 건널목 오른쪽 포그라니치나야(Пограничная) 도로로 130m 직진 후 삼거리에서 횡단보도 건너 오른쪽 세메노브스카야(Семеновская) 도로로 150m 직진하다 주차장이 있는 왼쪽 골목으로 약 20m 시간 12:00~24:00 가격 300루블~(식사류), 130루블(반찬류) 홈페이지 www.koreahouse.ru 전화 423-226-94-64

오래된 건물을 한옥 스타일로 리모델링해 운영하고 있는 한국 음식점이다. 한국인이라면 누구나 좋아하는 김치찌개(480루블), 갈비탕(550루블) 등 국물 요리를 비롯해 수육(650루블), 삼겹살(200g 670루블) 등 안줏거리도 여럿 있다. 러시아인이 운영해 한식 본연의 맛은 아니지만 한식이 그리운 여행자에게는 오아시스 같은 곳이다. 극동 연방 대학교 한국어과를 다니는 러시아 학생들이 일하고 있어 간단한 한국어도 가능하다. 아이들을 위한 키즈 메뉴와 의자, 장

난감도 준비돼 있고, 식사류 주문 시 물과 한국식 밑반찬은 무료(1회)로 제공된다. 전통 한식을 원한다면 롯데호텔(구 현대호텔) 한식당인 해금강을 추천한다.

한인 이주 150주년을 기념해 세운 비석

연해주 한인 이주 기념비

📍 43.119172, 131.880293

주소 ул. Семеновская, 1-3 위치 아르바트 거리에서 바다 방향으로 내려가다 건널목 오른쪽 포그라니치나야(Пограничная) 도로로 130m 직진 후 삼거리에서 오른쪽 조형물이 있는 자매 결연 공원(Площадь побратимов) 초입 시간 24시간

2014년 블라디보스토크에서 열린 한인 이주 150주년 기념 행사의 일원으로 세워진 기념비다. 최초에는 1864년 첫 이주 이후의 정착기와 항일 운동에 대한 역사적 사실을 기록하려 했으나 러시아 정부의 반대로 한국과 러시아의 우호를 기원하는 내용만 담은 채 한국어도 배제하고 키릴 문자(러시아어 알파벳)로만 쓰인 비석이 세워졌다. 자세히 보지 않으면 그냥 지나칠 정도로 작은 기념비지만 항일 독립 운동의 근거지자 20만 이주 한인들의 역사를 기록하게 된 우리에게는 매우 의미 있는 기념비다. 그 뒤에는 블라디보스토크와 자매 결연 맺은 도시가 적힌 상징물이 길게 세워져 있다.

아이들을 위한 신체 활동 & 놀이 공간

점프 Jump [잠프]

📍 43.120675, 131.878098

주소 ул. Батарейная 6А 위치 아르바트 거리에서 바다 방향으로 내려가다 건널목 오른쪽 포그라니치나야(Пограничная) 도로로 240m 직진 후 성 이고르 체르니고프스키 성당이 있는 사거리에서 왼쪽으로 200m 시간 12:00~23:00(평일), 10:00~23:00(주말) 요금 1회권(55분) : 350루블(평일), 450루블(주말), 400루블(7세 미만 아동+보호자), 150루블(내부 어트랙션) / 1일 패스권: 1,000루블(평일), 1,200루블(주말) 홈페이지 www.jumpinc.ru 전화 800-302-30-09

아이들을 위한 넓은 실내 놀이 공간이다. 아이들이 신나게 뛰며 신체 놀이하는 트램펄린이 가득하고, 농구 코트가 있는 무료 점프 존을 시작으로 스포츠 전문 강사들과 함께 미로, 장애물 코스, 암벽 타기 등 다양한 어트랙션을 즐길 수 있다. 넓은 공간임에도 1시간 간격으로 운영되는 세션마다 최대 40~50명 아이만 입장할 수 있어 매우 쾌적하다. 게다가 아이들이 뛰노는 1층 내부는 안전 요원들이 관리하고 있고 부모를 위한 2층 휴식 공간은 아이들이 이용하는 1층 전경을 볼 수 있어 안심할 수 있다. 도보 1분 거리에 블라디보스토크 인기 레스토랑인 주마 ZUMA가 있으니 참고하자. 주말에는 찾는 사람이 많으니 미리 온라인 홈페이지를 통해 예약 후 방문하도록 하자.

킹크랩을 비롯해 창작 요리를 선보이는 인기 레스토랑

📍43.121371, 131.877971

주마 ZUMA [주마]

주소 ул. Фонтанная, 2 **위치** 아르바트 거리에서 바다 방향으로 내려가다 건널목 오른쪽 포그라니치나야(Пограничная) 도로로 직진 후 성 이고르 체르니고프스키 성당이 있는 사거리에서 왼쪽으로 가다 점프(Jump) 건물 지나 오른쪽 골목으로 90m **시간** 11:00~다음 날 2:00 **가격** 2,000루블(킹크랩 1kg), 2,200루블(모둠 회), 970루블(초밥), 300루블~(단품) **홈페이지** www.zumavl.ru **전화** 423-222-26-66

메인으로 하는 해산물 요리와 퓨전 스타일의 창작 요리를 선보이는 레스토랑이다. 내국인은 물론 여행자 사이에서도 유명한 블라디보스토크 맛집이다. 맛은 기본이요, 캐주얼하면서도 중후한 느낌이 드는 분위기 또한 매력적이다. 인기 메뉴는 해산물. 고급 레스토랑임에도 1kg에 2,000루블이라는 착한 가격대의 킹크랩과 연어 위에 필라델피아 크림치즈와 레드 캐비아가 올라가는 주마 롤ZUME Roll(530루블), 게살 튀김(750루블)과 가리비(290루블)는 한국인 여행자들이 즐겨 찾는 베스트 메뉴. 거의 모든 메뉴가 괜찮으니 좋아하는 식재료를 우선 선택하자. 사진으로 된 한글 메뉴판이 있고, 가장 붐비는 저녁 5시 이후 방문을 계획한다면 온라인을 통한 사전 예약 후 방문하자. 블라디보스토크에서는 고급 레스토랑으로 속하는 곳이니 복장 매너는 필수다. 킹크랩 등 찜 요리는 조리 시간이 최소 40분 이상 소요된다.

바다와 인접한 분위기 좋은 레스토랑

📍43.124043, 131.875613

퍄티 아케안 Пятый океан [빠뜨이 아케안]

주소 ул. Батарейная, 2B **위치** 해양 공원에서 바다를 바라보고 오른쪽 산책로로 350m **시간** 12:00~23:00(10월 1일~3월 31일), 12:00~24:00(4월 1일~9월 30일) **가격** 600루블~(1인 예산) **홈페이지** www.5ocean vl.ru **전화** 423-243-34-25

해양 공원 내 해안가 산책로에 위치한 유럽풍 레스토랑이다. 작은 등대가 있는 파스텔 톤 건물에 유럽 느낌이 물씬 풍기는 실내 공간, 거기에 바다 바로 옆 야외 테이블과 겨울 시즌에는 벽난로까지 피워 연인들에게 인기다. 해산물을 기본 재료로 한 유럽식 음식이 주를 이룬다. 게살을 올린 올리브 샐러드인 살랏 알리비예 스 크라봄Салат Оливье с крабом(550루블), 킹크랩(1kg, 2,000루블)이 인기 메뉴다. 러시안 가족이 10여 년을 넘게 운영하고 있어 매우 친절하지만 영어 소통이 거의 불가하니 번역기 앱 준비는 필수다. 제철 해산물을 이용한 시즌별 메뉴도 있으니 주문 전 추천 메뉴를 물어보자.

일몰 장소로 유명한 해변 공원

📍43.118559, 131.877790

해양 공원 Спортивная набережная [스빠르찌브나야 나볘르쥐나야]

주소 ул. Адмирала Фокина, 1 위치 아르바트 거리에서 바다 방향으로 300m 직진 시간 24시간

블라디보스토크 시민들이 나들이 장소로 이용하는 해양 공원이다. 과거 이곳으로 이주한 한인들이 모여 살던 한인촌 개척리가 있던 지역으로, 지금은 정비된 산책로와 작은 규모의 해변, 레스토랑과 놀이 시설까지 구비된 휴식 장소로 사랑받고 있다. 계절과 상관없이 산책과 휴식을 즐길 수 있으며 탁 트인 아무르만의 바다 풍경과 다양한 길거리 음식도 준비돼 있다. 멋진 일몰 포인트로도 유명하니 참고하자. 공원 중간에는 작은 규모의 놀이동산과 해변에는 페달 보트를 운영한다. 일부 시즌에는 값싼 가격에 신선한 해산물을 즐길 수 있는 노점 마켓도 종종 열린다.

나베르느쟈야 해변

📍 43.118169, 131.877517

해양 공원 산책로와 연결된 작은 규모의 해변이다. 백사장의 고운 모래는 없지만 무더운 여름날 해수욕을 즐기며 물놀이 정도는 할 수 있는 시내 유일의 해수욕장이다. 해 질 무렵 일몰 명소로도 괜찮은 곳이다. 상상하는 해변의 모습은 아니니 너무 큰 기대는 하지 말자. 무더운 여름에는 해수욕을 즐기려는 현지인들이 즐겨 찾고 추운 겨울에는 얼어붙은 운치 있는 바다를 가까이에서 볼 수 있다.

놀이동산

📍 43.119739, 131.876952

인천 월미도에 있는 테마파크처럼 범퍼카, 대관람차 등약 10여 종의 놀이 기구가 준비돼 있는 놀이 공간이다. 규모도 작고 흥미로운 놀이 기구는 없지만 동심을 떠올리기 충분하다. 입장료는 따로 없으며, 놀이 기구를 이용하려면 입구에서 충전형 카드를 구매해서 이용해야 한다(카드 보증금 50루블). 해 질 무렵 대관람차를 타면 멋진 일몰을 볼 수 있으니 참고하자. 약간 어설프긴 하지만 최근 성인들을 위한 3D, 4D 최신 시설도 운영 중이다.

야외 푸드 코트

📍 43.120540, 131.874837

야외 테이블에서 바다를 보며 시원한 맥주와 맛있는 음식을 즐길 수 있는 푸드 코트다. 러시아산 해산물을 저렴한 가격으로 즐길 수 있는 해산물 마켓부터 샤슬릭, 샤와르마 등 러시아 음식과 생맥주를 파는 제이툰ZEYTUN까지 여러 업체가 입점해 있다. 가장 인기 매장은 초입에 있는 해산물 마켓Морепродукты. 국내 방송으로도 소개된 곳으로 킹크랩, 곰새우 등 급냉한 해산물을 봉지에 넣어 데워 주는데 가격대가 저렴하다. 테이블은 모든 식당에서 공유하고 있으니 경치 좋은 좌석을 우선 잡고 주문하자. 해산물 식당 뒤의 제이툰ZEYTUN 야외바에서는 일회용 컵에 생맥주도 판매한다. 시즌에 따라 다르지만 주변 레스토랑과 비교하면 가격대는 약간 저렴하고, 야외 테이블 관리는 조금 미흡하니 가격보다 분위기와 위생, 서

비스를 우선시 한다면 근처 레스토랑 이용을 추천한다. 참고로 안쪽 식당들은 여름 시즌에만 운영하고 해양 공원에서 바다를 바라보고 오른쪽 산책로로 걸어가다 보면 주차장 초입 왼쪽에 있다.

접근성 좋은 해양 공원 아쿠아리움

📍43.121210, 131.876236

아쿠아리움 Океанариум[아키아나리움]

주소 ул. Батарейная 4 위치 해양 공원에서 바다를 바라보고 오른쪽 산책로로 250m 직진하다 주차장에서 대각선 건물 2층 시간 11:00~18:30(월), 10:00~18:30(화~일) / 7~8월: 11:00~20:00(월), 10:00~20:00(화~일) 요금 400루블(15세 이상~성인), 150루블(5~14세), 무료입장(5세 미만) 홈페이지 www.akvamir.org 전화 423-240-16-66

해양 공원 근처에 있는 아쿠아리움이다. 고래부터 철갑상어, 킹크랩 등 태평양에서 서식하는 백여 종의 어종과 극동 지방, 아마존에서 서식하는 희귀 생물을 전시하고 있다. 1991년에 개관해 오랜 시간 현지인들이 즐겨 찾던 나들이 명소였지만, 노후된 시설과 관리 부족, 게다가 최근 오픈한 대형 규모의 프리모스키 아쿠아리움에 밀려 방문객은 급격히 줄어들었다. 한국의 아쿠아리움과 비교하면 매우 작은 규모지만, 쉽게 볼 수 없는 희귀종과 해부 표본들이 전시돼 있고, 무엇보다 접근성이 좋아 아이를 동반한 가족 단위 여행객이라면 들러 볼 만하다. 붐비지 않아 여유롭게 돌아보기 좋은 것도 장점이라면 장점이다. 좋은 시설과 많은 어종을 만나고 싶다면 시내에서 30분 거리에 있는 최근에 오픈한 프리모르스키 아쿠아리움을 선택하자.

대형 무기부터 러일 전쟁 기록을 볼 수 있는 곳　　　　　　　📍43.121752, 131.875958

요새 박물관 Владивостокская крепость [블라디보스톡스카야 끄레빠스트]

주소 ул. Батарейная, 4а 위치 해양 공원에서 바다를 바라보고 오른쪽 산책로로 250m 직진하다 주차장에서 대각선에 있는 아쿠아리움 건물 왼쪽 계단 위로 50m 시간 10:00~17:00(7월 18:00 연장 운영) 요금 200루블 (13세 이상~성인), 100루블(5~12세 어린이), 무료(5세 미만) 전화 423-240-08-96

100여 년 동안 사용됐던 군 요새를 복원, 개보수해 1996년 개관한 군사 박물관이다. 전쟁 당시 실제 사용했던 포, 상공을 겨냥한 대공포, 5m가 넘는 어뢰 등 군사 무기와 비밀 보고서, 협정서 등 전쟁 자료까지 전시돼 있다. 유리로 덮인 다른 박물관과는 달리 일부 전시품은 오픈형으로 전시돼 있어 대형 무기부터 소형 무기까지 손으로 만져 보고 자세히 볼 수 있어 인기다. 박물관은 대형 무기가 전시된 외부 공간

과 내부 공간으로 나누어져 있으며 내부는 건물 왼쪽에서 시작해 마지막 건물까지 총 5개의 시대별 테마로 구성돼 있다. 규모나 전시 구성에 있어서는 약간 아쉬움이 있지만 아이를 동반한 가족 단위 여행객과 밀리터리 마니아라면 가볍게 둘러보기 괜찮은 곳이다. 과거 이 요새는 러일 전쟁 당시에는 일본군의 침입을 막은 핵심 요새이자 제2차 세계 대전 때는 대공포 기지로 사용되기도 했다.

조지아 전통 음식을 메인으로 한 유명 레스토랑

수프라 Cynpa [쑤쁘라]

📍 43.118357, 131.879358

주소 ул. Адмирала Фокина, 1Б 위치 아르바트 거리에서 바다 방향으로 내려가다 건널목 지나 왼쪽 건물 1층
시간 12:00~24:00 가격 400루블~(1인 예산) 홈페이지 supravl.ru 전화 423-227-77-22

해양 공원 입구에 위치한 조지아 음식을 전문으로 하는 레스토랑이다. 소련이 붕괴하면서 독립한 조지아의 전통 음식과 러시아, 서양 음식을 선보이는 레스토랑으로 블라디보스토크에서 꽤나 유명하다. 인기 메뉴는 치즈를 넣고 반죽한 조지아 전통 빵인 하차푸리Khachapuri(370루블~)와 송아지 고기가 들어간 복주머니 형태의 전통 만두 힌깔리Khincali(4개 320루블~)다. 화덕에서 구운 난과 함께 나오는 케밥Kebob(360루블~)과 화로에서 구워 낸 담백한 바비큐 꼬치구이 샤슬릭Shashlik(320루블~)까지 블라디보스토크에서 맛봐야 할 거의 모든 인기 음식이 준비돼 있다. 워낙 유명해서 30분 이상 대기는 기본이다. 한국어 메뉴판도 있고, 카드 결제도 가능하다.

라이브 공연이 열리는 분위기 좋은 펍(Pub)

캣 앤 클로버 CAT&CLOVER [켓 클로베르]

📍 43.118250, 131.879596

주소 ул. Адмирала Фокина, 1а 위치 아르바트 거리에서 바다 방향으로 내려가다 건널목 지나 왼쪽 첫 번째 건물 지하 1층 시간 12:00~다음 날 3:00(월~목), 12:00~새벽 5:00(금~토) 가격 150루블~(맥주 300ml), 150루블~(보드카) 홈페이지 www.catclover.ru 전화 423-230-03-31

해양 공원 입구 건물 지하에 있는 레스토랑 겸 펍이다. 낮에는 스테이크와 각종 요리를 판매하는 레스토랑으로 운영하고 해가 진 이후에는 라이브 공연이 열리는 분위기 좋은 펍Pub이 된다. 20~40대 직장인이 주를 이뤄 블라디보스토크 바 중가장 무난하게 갈 수 있는 곳이다. 평일에는 다소 한산하지만, 라이브 공연이 시작되는 저녁 10시와 신년 행사, 특별 공연 등 이벤트가 열리는 시즌에는 인기가 좋다. 자체 생산한 맛좋은 7종 수제 맥주와 보드카, 칵테일 등 수십 종의 주류가 있고 벽면에는 각종 앨범과 공연 영상이 나오는 스크린과 바도 있어 혼자 방문해 가볍게 한잔하기 좋다. 클럽 문화를 좋아한다면 공연 정보와 이벤트 정보가 있는 홈페이지를 사전 방문하자.

모스크바에도 지점이 있는 유명 뮤직 바

무미 트롤 뮤직 바 Мумий Тролль Music Bar [무미이 트롤 무지칼느이 바]

♀ 43.118696, 131.880233

주소 ул. Пограничная, 6 위치 아르바트 거리에서 바다 방향으로 내려가다 건널목 오른쪽 포그라니치나야 (Пограничная) 도로로 100m 시간 24시간(12:00~16:00 브레이크 타임) 가격 185루블~(맥주), 430루블 ~(칵테일) 홈페이지 www.mumiytrollbar.com 전화 423-262-01-01

러시아 전역에서 인기를 끌고 있는 블라디보스토크 출신 밴드 무미 트롤Mummy Troll의 이름을 사용한 뮤직 바. 실제 무미 트롤 밴드와의 파트너로 극동 최대 규모의 음악 페스티벌이자 국제 록 음악 축제인 브이록스V-ROX, Vladivostok Rocks 공연장으로도 사용되고 있

다. 적당한 규모의 밴드 무대와 음향 시설, 게다가 괜찮은 분위기로 런치와 브레이크 타임(12:00~16:00)을 제외한 20시간을 운영하는데, 공연이 시작되는 밤 10시부터 새벽까지 많은 사람이 방문할 만큼 제법 많은 마니아층을 보유하고 있다. 단점은 유명세에 비해 공연이나 파티가 없는 시간대와 날짜에는 약간 썰렁한 편이다. 음악이나 밴드 공연을 좋아한다면 밤 10시 이후에 방문하길 추천하고, 공연 일정은 홈페이지에 매주 업데이트 된다. 뮤직 바 매니저가 말하길 YB 등 브이록스에 초대된 한국 유명 밴드도 이곳에서 사전 공연을 했으며 앞으로도 록 페스티벌에 초대되는 전 세계 유명 밴드들의 공연도 계속 열릴 것이라 한다.

할인 적용 시 가성비가 좋은 레스토랑 겸 바

드루지바 Дружба [드루쥐바]

♀ 43.118453, 131.880166

주소 ул. Пограничная, 6 위치 아르바트 거리에서 바다 방향으로 내려가다 건널목 오른쪽 포그라니치나야 (Пограничная) 도로로 10m 시간 12:00~다음 날 3:00(일~목), 12:00~새벽 6:00(금, 토) 가격 150루블 ~(식사류), 100루블~(맥주) *12~20시 이전 방문 시 50% 할인 전화 423-262-11-01

무미 트롤 뮤직 바와 같은 건물에 있는 레스토랑 겸바. 문을 여는 낮 12시부터 저녁 8시까지는 레스토랑을 운영하다 저녁 8시 이후에는 바로 운영된다. 양식당 분위기의 넓은 테이블, 클럽이라 할 정도의 큰 규모는 아니지만 DJ 부스와 붉은 빛 조명, 무엇보다 합리적인 가격대로 젊은이들에게 인기다. 레스토랑으로 운영되는 시간에는 (12:00~20:00) 수제 버거(할인 전 199루블), 파스타(할인 전 199루블), 샤슐릭, 스테이크 등 수십 종의 식사 메뉴와 맥주를 50% 할인된 가격에 즐길 수 있다. 다른 레스토랑과 비교하면 맛은 아쉽지

만 할인된 금액이라면 가성비가 좋다. 저녁 8시 이후는 바Bar 운영 시간으로 공연도 종종 열리며 음악은 주로 팝pop이나온다.

79

바다 지평선이 보이는 젊음의 거리

아르바트 거리(제독 포키나 거리) Адмирала Фокина [아드미랄라 뽀키나]

📍 43.117794, 131.881382

주소 Адмирала Фокина 위치 중앙 광장의 혁명 전사 기념비 뒤 도로로 3분 정도 올라다가 첫 번째 사거리에서 왼쪽으로 약 750m

옛 모습을 간직한 오래된 건축물 사이로 휴식 공간과 유명 상점이 모여 있는 거리다. 오래전 태평양 함대를 지휘한 해군 제독 포키나의 이름이 붙여졌고, 바다 지평선이 보이는 아름다운 거리다. 모스크바 대학로 거리인 아르바트를 본 떠 만들어졌다 해서 '블라디보스토크 아르바트 거리'라고도 불린다. 블라디보스토크를 방문하면 꼭 한 번은 지나게 되는 거리로 인기 레스토랑을 비롯해 20여 개의 숍과 카페가 있고, 여행자 수요가 늘면서 골목골목 카페, 타투 숍, 자전거 대여점 등 작은 규모의 가게들이 여럿 생겨나고 있다. 계속되는 도로 보수와 주변 건물들이 많이 노후화 돼 있어 우리의 대학가와는 확연히 다른 분위기니 참고하자. 밤 10시 이후에는 클럽을 방문하는 20~30대 취객이 많으니 주의하자.

작고 아담한 디저트 카페

파이브 어 클락 FIVE O'CLOCK [빠이브 오 클록]

📍 43.117670, 131.881410

주소 ул. Адмирала Фокина, 6 위치 아르바트 거리에서 바다 방향 왼쪽으로 내려다가 알리스 커피(Allis Coffee) 맞은편 시간 8:00~21:00(월~금), 9:00~21:00(토), 11:00~21:00(일) 가격 45루블~(티), 50루블 ~(디저트류) 홈페이지 www.five-oclock.ru 전화 423-294-55-31

19세기 중엽부터 시작된 영국 빅토리아 여왕 의 오후 티타임을 콘셉트로 2007년에 문을 연 카페다. 아담한 내부 공간에는 작은 테이블이 오밀조밀 모여 있고, 벽면은 빅토리아 여왕의 초상화와 각종 소품으로 꾸며 놓았다. 영국에 서 공수해 온 차와 러시아 전통 빵, 맛 좋은 케 이크 등 달콤한 디저트가 가득한 데다가 가성 비가 좋다고 소문이 나 있다. 호두 타르틀레트 Nut tartlet(100루블), 마시멜로와 초콜릿이 들 어간 로키 로드Rocky Road(70루블), 머핀 블루 베리Маффин с черникой(60루블)는 여행자들 이 즐겨 찾는 인기 디저트다. 평일 아침에는 간 단한 브런치 메뉴도 준비돼 있다. 다양한 종류 의 디저트를 즐기고 싶다면 오전 10~11시 방 문을 추천한다.

러시아 팬케이크 블린 전문점

우흐뜨 블린 Ухтыблин [우흐 뜨이 블린]

📍 43.117859, 131.881738

주소 ул. Адмирала Фокина, 9 위치 아르바트 거리에서 바다 방향 오른쪽으로 내려다가 알리스 커피(Allis Coffee) 바로 옆 시간 10:00~22:00(5~10월), 10:00~21:00(11~4월) 가격 100루블~(블린), 85루블~(커 피) 전화 423-200-32-62

메밀가루와 밀가루를 섞어 크레이프처럼 얇게 부친 러시아식 팬케이크 블린을 전문으로 하는 식당이다. 차와 함께 마시는 가벼운 디저트부터 각종 토핑을 넣어 포만감 넘치는 메뉴까지 수십 종의 블린을 판매한다. 여행자들은 물론 현지인 들도 즐겨 찾는 맛집으로, 맛은 기본이고, 가격 까지 착하다. 햄치즈버섯 블린(245루블)은 가벼 운 식사 대용 메뉴로 인기다. 달달한 디저트를 좋 아한다면 바나나 초콜릿(190루블)이나 구운 사 과 & 아이스크림(160루블)을 맛보자. 국내 방송 에 소개된 이후 오전 10~12시 사이에는 한국인 여행객이 가득하니 낮 시간 디저트 타임이나 늦 은 점심을 추천한다. 주문은 바 카운터에서 선불 이며 한국어 메뉴판이 준비돼 있다.

해적 커피로 유명한 인기 카페

알리스 커피 Allis Coffee[알리스 코삐]

📍 43.117885, 131.881578

주소 ул. Адмирала Фокина, 7 위치 아르바트 거리에서 바다 방향 오른쪽으로 내려가다 우흐뜨 블린(Ух ты блин) 바로 옆 시간 10:00~21:00 가격 55루블(아메리카노) 전화 800-333-29-30

블라디보스토크에 14개 지점을 운영하는 로컬 카페다. 한국인 여행자들 사이에서는 '블라디보스토크판 스타벅스'라 불린다. 심플한 인테리어와 해적 모자를 쓴 여성이 그려진 로고 때문에 여행자들 사이에서 '해적 커피'로 불리기도 한다. 블라디보스토크에서 얼음을 가득 넣은 아이스커피를 판매하는 몇 안되는 카페 중 하나며 가격은 아메리카노 기준으로 한화 약 1,000원(55루블) 정도다. 커피를 판매하는 다른 카페와 비교하면 맛은 아쉽지만 가성비만큼은 No.1이다. 이 지점 외에도 블라디보스토크 곳곳에 여러 지점을 쉽게 만날 수 있으니 아이스커피가 생각나면 부담 없이 들러 보자.

평일 점심 20% 할인을 제공하는 고급 레스토랑

스보이 페테 SVOY fête[스보이 삐쩨]

📍 43.118102, 131.880500

주소 ул. Адмирала Фокина, 3 위치 아르바트 거리에서 바다 방향 오른쪽으로 내려가다 마지막 분수대 옆 건물 1층 시간 11:00~다음 날 1:00 가격 600루블~(1인 예산) 홈페이지 www.svoy-fete.ru/ko 전화 423-222-86-67

어부에게 직거래로 공수한 신선한 해산물로 러시아, 아시아, 유럽까지 약 100여 종의 다양한 요리를 선보이는 레스토랑이다. 블라디보스토크에서 손에 꼽히는 오래된 고급 레스토랑으로, 유럽풍 실내 인테리어와 맛, 플레이팅, 거기에 서비스까지 수준급이다. 부드럽고 식감 좋은 흑미를 곁들인 가리비(500루블)와 게살 샐러드(600루블)는 최고 인기 메뉴다. 양고기 구이(770루블)나 송아지 아이올리(700루블~)도 맛있다. 좁은 입구와는 달리 지하까지 연결된 실내는 넓고 쾌적하며 무료 와아파이도 이용할 수 있다. 평일 점심 시간(12~16시)까지는 전 메뉴 20% 할인 행사도 진행하니 참고하자. 음식 사진이 포함된 한국어 메뉴판이 준비돼 있고, 인기 해산물인 킹크랩은 게 요리로 유명한 주마 Zuma와 동일한 가격(1kg, 2,000루블)대다.

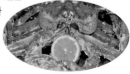

러시아판 드러그스토어

츄다데이 Чудодей [츄다데이]

📍 43.117418, 131.882609

주소 2f, ул. Алеутская 25/27 위치 아르바트 거리 초입 건물 2층 시간 10:00~21:00 홈페이지 www.chud odey.com 전화 423-230-87-57

블라디보스토크를 중심으로 러시아 전역에 약 25개의 매장을 운영하고 있는 헬스 & 뷰티 전문 드러그스토어다. 블라디보스토크 여행 시 꼭 한 번은 들르는 필수 쇼핑 스폿으로, 여행자들 사이에서 인기 쇼핑 제품인 당근 크림과 할

머니 레시피, 진주 크림 등 뷰티 제품이 가득하다. 우리의 올리브영처럼 다양한 제품을 할인된 가격으로 구매할 수 있다. 시내에는 여행자들이 즐겨 찾는 이곳 지점과 굼 백화점 1층 외에도 8개 지점이 더 있다. 홈페이지를 통해 적립이 가능한 충전식 멤버십 프로그램과 할인, 프로모션 등 각종 최신 이벤트 정보가 올라오니 고가의 제품이나 대량 구매를 계획한다면 미리 살펴보고 방문하자.

주방 & 가정용품 전문 할인점

도모비드 Домовид [다마비드]

📍 43.118186, 131.880079

주소 ул.Пограничная, 6 위치 아르바트 거리에서 바다 방향으로 내려가다 건널목 오른쪽 건물 코너 시간 10:00~21:00 홈페이지 www.domovid.ru 전화 423-222-05-22

우리의 다이소처럼 생활용품을 저렴한 가격으로 판매하는 도소매점이다. 그릇, 칼 등 주방용품부터 생활용품까지 수백 종이 넘는 다양한

제품을 판매하며 러시아 전역에서 매장을 운영하고 있다. 인기 제품은 밀폐 용기, 조리 도구 등 주방용품과 인테리어 소품, 침실용품, 생활용품 외에도 기념품으로 살 만한 것들이 많이 있는데, 제품에 따라 퀄리티 차이가 심하니 꼼꼼하게 살펴보고 선택하자. 오래 사용할 제품보다는 여행 중 필요한 용품이나 간단한 기념품 정도 구매하면 좋다. 아르바트 거리 가장 끝 건물에 위치해 접근성이 매우 좋으니 가볍게 들러 보자.

러시아 전통 길거리 음식을 맛볼 수 있는 곳

먹자 거리

📍 43.117440, 131.883261

주소 ул. Адмирала Фокина, 15~17 위치 아르바트 거리에서 해양 공원 반대편으로 건널목 지나 바로 시간 상점마다 다름(보통 8:00~21:00) 가격 60루블~(빵류), 120루블(케밥류)

아르바트 거리 바로 옆 러시아 인기 음식을 판매하는 가게들이 밀집해 있는 곳이다. 고기와 양파 등 각종 재료를 넣고 크로켓처럼 구운 피로크пирог, 국민 간식인 러시아 고기 만두 퍈세 ПЯН-се, 푸짐한 양에 놀라고 맛에 또 한 번 놀라는 러시아식 케밥 샤우르마шаурма와 터키식 케밥까지 값싸고 맛있는 먹거리가 가득하다. 가볍게 배를 채우는 간식용은 물론 한 끼 식사로도 부족하지 않은 인기 먹거리를 걸어 다니면서 먹거나 봉지에 담아 숙소에서 데워 먹어

도 맛있다. 레스토랑과 비교하면 말도 안되는 저렴한 가격에 푸짐한 양과 맛까지 괜찮으니 기호에 맞는 먹거리를 즐겨 보자. 한 가지 참고할 것은 1인 가게 형태로 운영되고 판매하는 주인장이 대부분 나이가 많아 영어 소통이 안 된다. 가게 앞에 사진 메뉴판을 살펴보고 마음에 드는 음식을 선택 후 스마트폰으로 촬영해 보여 주면 쉽고 간단하게 주문할 수 있다. 소스가 들어간 케밥류는 소스가 흘러내려 옷에 묻을 수 있으니 주의하자.

블라디보스토크에서 가장 핫한 수제 버거　　　　　　　　📍43.115857, 131.882071

댑 버거 DAB(Drinks&Burgers) [답 부르게르]　　　　

주소 ул. Алеутская, 21 위치 중앙 광장을 바라보고 오른쪽 지하도를 통해 맞은편 출구로 나와 뒤쪽 알류츠카야(Алеутская) 도로 오른쪽으로 약 20m 시간 9:00~다음 날 2:00(월~목), 9:00~새벽 6:00(금), 10:00~새벽 6:00(토), 10:00~다음 날 2:00(일) 가격 250루블~(12시 이전 브런치 메뉴), 300루블~(메인 메뉴) 홈페이지 dabbar.ru/en 전화 423-262-01-70

현지인은 물론 여행자들 사이에서도 유명한 수제 버거 전문점이다. 국내 방송 프로그램에 소개돼 더 핫한 맛집이다. 수제 버거를 비롯해 퓨전 러시아 음식과 유럽식 요리를 선보인다. 두꺼운 패티와 푸짐한 양, 심플하면서도 감각적인 플레이팅과 맛이 기대 이상이다. 시그니처 메뉴이자 인기 메뉴는 거대한 크기의 수제 버거인 헐크 호건(790루블)과 핫소스가 들어간 스페인 스타일의 그랜드 캐니언 버거(390루블), 구운 옥수수와 함께 나오는 돼지갈비 피그 온 더 윙(480루블)이다. 수제 버거 외에도 브런치 타임(평일 9:00~12:00, 토~일 10:00~12:00)에는 하와이안 팬케이크(250루블), 토마토와 계란을 베이스로 빵을 찍어 먹는 이슬람 요리 샥슈카 Shakshuka(280루블), 크림이 올려 나오는 파이

(250루블~) 등 맛있기로 유명한 세계 각국의 요리도 준비돼 있다. 워낙 유명한 가게라 식사 시간에는 30분 이상 기다려야 한다. 사진이 들어간 한글 메뉴판이 있고, 가볍게 맥주 한잔하거나 혼자 오는 손님을 위한 바테이블도 있다.

100년이 넘는 오랜 역사를 가진 향토 박물관　　　　　　　　　♀ 43.116399, 131.881995

아르세니예프 향토 박물관

Приморский музей имени Арсеньева [쁘리보르스키-무제이 이미니 아르시니바]

주소 ул. Светланская, 20 위치 중앙 광장을 바라보고 오른쪽 지하도를 통해 맞은편 출구로 나와 왼쪽 건물(박물관 입구는 건물을 바라보고 중간쯤) 시간 10:00~21:00(입장 마감 18:30) 요금 400루블(성인), 200루블(학생), 100루블(어린이) 홈페이지 www.arseniev.org 전화 423-241-11-73

1890년 일반인에게 개방된 100년이 넘는 역사를 가진 박물관이다. 극동 지역 최초이자 최대 규모의 향토 박물관으로, 극동 지역을 탐험하고 연구해 세상에 알린 블라디미르 클라우디에비치 아르세니예프의 업적을 기리기 위해 그의 이름을 사용하고 있다. 극동 지역의 탄생부터 지금까지의 변화와 역사를 만날 수 있는 곳으로, 고고학부터 극동 지역의 자연과 동식물, 소수 민족의 유물과 과거 사진 기록까지 약 40만 개의 사료史料가 전시돼 있다. 극동 지역에 대해서 잘 모르는 여행자들에게는 큰 감흥은 없을 수 있지만, 전시 큐레이션도 좋고 블라디보스토크가 속해 있는 극동 지방을 이해하는 데 있어 도움이 되는 장소니 매표소에서 한글 팸플릿을 챙겨 가볍게 둘러보길 추천한다. 관람 시간은 평균 30~40분이다. 박물관 내 일부 공간에서는 유명 작가의 특별 전시도 상시 열린다.

24시간 운영하는 레스토랑 겸 바

📍 43.116303, 131.881536

스튜디오 STUDIO [스뚜디아]

주소 ул. Светланская, 18a 위치 중앙 광장을 바라보고 오른쪽 지하도를 통해 맞은편 출구로 나와 30m 직진 후 아르세니예프 향토 박물관 건물 오른쪽 골목으로 10m 시간 24시간 가격 350루블(1인 예산) 홈페이지 www.cafe-studio.ru 전화 423-241-28-22

24시간 운영하는 모던하고 깔끔한 카페 겸 레스토랑이다. 심플한 인테리어와 편안한 분위기를 갖춘 곳으로, 커피, 디저트, 칵테일을 비롯해 러시아 전통 음식, 파스타, 피자, 바비큐와 연어 회까지 정말 다양한 음식을 판매한다. 추천 메뉴는 두꺼운 빵에 러시아 전통 수프인 보르시

가 담아 나오는 스튜디아Borsch STUDIO(350루블)다. 오징어 먹물 스파게티인 스빠게티 스체르닐라미 까라가티츠이 이마레쁘라둑타미Спагетти с чернилами каракатицы и морепродуктами(580루블)도 인기다. 디저트로는 겉은 바삭하고 속은 촉촉한 크루아상(180루블)과 나폴레옹 케이크Наполеон(310루블)를 추천한다. 해가 진 이후에

는 인기 DJ나 가수 공연이 열리는 바Bar로 변신한다. 공연 정보는 홈페이지를 확인하자.

입소문만으로 유명해진 피자 전문점

📍 43.116633, 131.881525

피자욜로 Pizzaiolo [피자올라]

주소 ул. Светланская, 9 위치 중앙 광장을 바라보고 오른쪽 지하도를 통해 맞은편 출구로 나와 50m 직진 후 오른쪽 시간 9:00~23:00(배달 주문 마감 22:30) 가격 190루블~(피자), 280루블~(라비올라), 60루블~(음료) 홈페이지 www.pizza-vl.ru 전화 423-200-20-05

작은 규모의 피자 배달 전문점으로 시작해서 지금은 3개 매장을 운영하는 피자 전문점이다. 오픈 키친과 복층 구조로 된 아담한 내부 공간에 캐주얼하면서도 안락한 분위기가 있는 곳이다. 이탈리아 나폴리에서 유래된 마가리타

Маргарита 피자, 페퍼로니Пепперони, 신선한 해산물을 이용한 새우와 조개 피자 등 다양한 종류의 피자가 있다. 다진 고기와 치즈 소시지, 베이컨과 토마토를 넣고 모차렐라 치즈를 덮은 피자욜로Pizzaiolo(350루블~)는 시그니처 메뉴이자 인기 메뉴다. 파스타 반죽에 치즈, 고기 등 다양한 재료로 속을 채워 만든 파스타의 일종인 라비올리Равиоли(280루블~), 고기 육수에 쌀을 쪄서 야채나 해산물을 넣고 볶은 리조또Ризотто(330루블~)도 맛있다. 피자 크기는 20cm, 30cm, 40cm로 선택할 수 있고, 포장은 물론 홈페이지를 통한 배달 주문도 가능하다.

유럽풍 분위기의 레스토랑 겸 클럽

셀피 | Selfie [셀삐]

 43.116919, 131.880234

주소 ул. Светланская, 3 위치 중앙 광장을 바라보고 오른쪽 지하도를 통해 맞은편 출구로 나와 150m 직진 후 오른쪽 시간 8:00~24:00 가격 600루블(1인 예산), 300루블~(주류) 전화 423-255-68-68

스베틀란스카야Светланская 거리에 있는 가게 중 가장 최근에 오픈한 레스토랑 겸 클럽이다. 두 개 층을 사용하는 제법 큰 규모로, 1층은 앤디 워홀 작품이 가득한 감각적인 레스토랑이고, 2층은 클럽이다. 여행자들이 즐겨 찾는 레스토랑에는 러시아 음식을 메인으로 중국, 일본, 페루 등 맛있기로 유명한 세계별 요리와 주류가 가득하다. 테이블 앞에서 즉석으로 요리하고, 토핑(새우 320루블, 연어 250루블, 참치 180루블 등) 추가도 가능한 셀피 샐러드(550루블)는 인기 메뉴다. 구운 빵 위에 게살과 아보카도가 곁들여져 나오는 부르스케타(510루블)와 해산물이 들어간 크림 스파게티(790루블)도 여행자들이 즐겨 찾는 인기 메뉴다. 다른 레스토랑과 비교하면 가격대는 높지만, 그 이상의 값어치를 한다. 주말 방문 시 사전 예약은 필수고 사진이 포함된 한글 메뉴판도 준비돼 있다.

러시아 전통 수제 만두 전문점

로즈키 플로시키 | Ложки-плошки [로쉬키 쁠로쉬키]

 43.116751, 131.880930

주소 B1, ул. Светланская, 7 위치 중앙 광장을 바라보고 오른쪽 지하도를 통해 맞은편 출구로 나와 75m 직진 후 파스텔 톤 건물 중간(삼거리 앞)에 있는 지하 연결 계단 아래 시간 9:00~24:00(월~금), 10:00~24:00(토~일) 가격 150루블~(펠메니), 50루블~(피로시키) 홈페이지 www.lozhkiploshki.ru 전화 423-260-57-37

러시아식 만두를 판매하는 전문점이다. 구운 빵 안에 채소, 고기 등 각종 재료를 넣고 파이처럼 구운 피로시키|пирожки, 추운 극동 지방 날씨를 버티기 위해 겨울철 야외에서 먹는 우리의 물만두와 비슷한 펠메니пельмéни, 육즙 가득한 조지아식 만두 힌깔리Khincali까지 다양한 종류의 만두를 판매한다. 극동 지방 향토 음식인 시베리안 펠메니Siberian pelmeni(200루블)와 양고기가 들어간 램 펠메니Lamb pelmeni(320루블), 메밀가루를 섞은 반죽에 버섯과 고기를 넣은 쿤더미Kundumy(210루블)는 꼭 맛봐야 할 인기 메뉴다. 반죽에 약간의 향신료가 들어가고 만두피가 살짝 두꺼워 호불호가 갈리지만 향토 본연의 맛을 경험할 수 있다. 평일 12:00~14:00에는 100루블 대의 런치 메뉴가 준비돼 있고 직원들도 꽤 친절하다.

값싸고 맛있는 고품격 자율 식당

📍 43.116719, 131.880154

니 르이다이 Нерыдай [네 르이다이]

🍴

주소 ул. Светланская, 10 위치 ❶ 중앙 광장을 바라보고 오른쪽 지하도를 통해 맞은편 출구로 나와 150m 직진 후 왼쪽 ❷ 베르사유 호텔 입구에서 왼쪽으로 10m 시간 9:00~22:00(평일), 10:00~22:00(토~일) 가격 40루블~(접시당), 15루블~(음료) 전화 908-994-44-13

1909년에 오픈한 베르사유Versailles 호텔 건물 1층에 있는 식당이다. 1900년대 초반부터 예술가들과 보헤미안들의 안식처이자 모임 공간이었던 곳을 궁전 콘셉트로 리모델링해 오픈한 식당이다. 화려하고 웅장한 외관과 영화에서나 볼 법한 고급 연회장 같은 실내 공간, 거기에 아치형 인테리어와 샹들리에까지 마치 과거로 온 듯한 묘한 분위기가 흐른다. 또 하나 이 식당의 특징은 자율식이라는 것이다. 한쪽에 마련된 주방에서 러시아 전통 음식부터 가정식

요리까지 담겨진 접시를 골라 계산 후 마음에 드는 자리에 앉아 음식을 즐기면 된다. 가격도 저렴하고 맛도 좋아 일석이조다. 분위기까지 좋아 현지인들이 많이 찾는 곳이다. 예술인들을 위한 파티나 공연, 대관으로 휴무일이 불규칙적이니 기억하자. 참고로 가게 입구 철제문은 베르사유 호텔 건물이 완공된 1909년에 만든 오래된 것으로 리모델링을 진행하면서 우연히 발견했다고 한다.

수준 높은 칵테일 바(Bar)

문샤인 Moonshine [문샤인]

⊙ 43.117231, 131.879682

주소 ул. Светланская, 1 위치 ❶ 중앙 광장을 바라보고 오른쪽 지하도를 통해 맞은편 출구로 나와 150m 직
진 후 왼쪽 가장 마지막 건물 안 ❷ 아르바트 거리에서 바다 방향으로 내려가다 건널목 왼쪽 포그라니치나야
(Пограничная) 도로로 15m 시간 18:00~다음 날 2:00(일~목), 18:00~다음 날 4:00(금~토) 가격 350루블
~(칵테일) 전화 423-207-70-51

아르바트 거리에서 2분 거리에 있는 칵테일 바
Bar. 매일 저녁 해가 질 무렵 보름달이 그려진
간판과 수백 종의 술이 놓인 진열장에 불이 켜
지면 젊은이들이 모이기 시작하는 곳이다. 추

천하고 싶은 칵테일은 보드카에 커피 리큐어
를 넣어 만든 블랙 러시안Black Russian(350루
블)과 와인 칵테일인 뉴욕 사워New York Sour
(380루블), 진 베이스에 블랙베리 리큐어가 들
어간 브램블Bramble(400루블)이다. 칵테일 외
에도 유명 보드카 벨루가Beluga를 포함해 여러
종류의 보드카와 위스키 등 잔술도 판매한다.
젊은 바텐더가 4~6명 있지만, 외국인 전담 직
원 외에는 영어 소통이 어렵다. 새벽 4시까지
영업하는 금요일과 토요일 저녁 9시 이후에는
예약석을 제외하고 만석이니 조금 일찍 방문하
거나 미리 예약하고 방문하자.

현지인들이 즐겨 찾는 셀프 식당

📍43.116997, 131.879783

스탈로바야 8분 Столовая 8 минут [스탈로바야 보씸 미누트]

🍴

주소 ул. Светланская, 1 위치 ❶ 중앙 광장을 바라보고 오른쪽 지하도를 통해 맞은편 출구로 나와 150m 직진 후 왼쪽 가장 마지막 건물 ❷ 아르바트 거리에서 바다 방향으로 내려가다 건널목 왼쪽 포그라니치나야 (Пограничная) 도로로 20m 시간 8:00~22:00 가격 100루블~(1인 예산) 전화 423-280-16-80

마음에 드는 음식을 선택해 접시에 담아 계산 후 테이블에서 먹는 셀프 식당이다. 음료부터 러시아 가정식, 베이커리와 맥주까지 준비돼 있다. 미리 조리해 놓은 50여 종의 요리가 있어 간편하고 빠르게 먹을 수 있다. 맛도 맛이지만 가격이 저렴해 여러 종류의 러시아 음식을 즐기기에 괜찮다. 막 조리된 음식이 진열되는 오전 시간에 방문하는 것을 추천한다. 참고로 스탈로바야는 러시아에서 흔히 볼 수 있는 서비스를 최소화해 가격을 낮춘 셀프 식당으로, 러시아 전역에 있으니 여행 중 저렴한 가격대의 식당을 찾는다면 스탈로바야Столовая 문구가

적힌 식당을 찾아보자.

VLADIVOSTOK

중앙 광장 주변

CENTRAL PARK

구소련 시대의 흔적이 고스란히 남아 있는 블라디보스토크의 중심부다. 메인 거리인 스베틀란스카야ул. Светланская를 중심으로 도시 전체에 유럽풍 건물이 즐비해 블라디보스토크는 '아시아에서 가장 가까운 유럽'이라는 별명을 갖고 있기도 하다. 사회주의의 상징인 중앙 광장을 시작으로 거리 곳곳에는 볼셰비키 혁명을 이끈 활동가들의 기념비가 가득하고, 블라디보스토크의 랜드마크인 굼 백화점 Большой ГУМ, 클로버 하우스Clover House를 비롯해 오랜 역사를 가진 전통 레스토랑까지 갖추고 있다.

교통편

도시의 중심부인 만큼 블라디보스토크에서 운영하는 거의 모든 버스는 이 지역을 지나간다. 주요 버스 정류장은 클로버 하우스Clover House 앞 세묘놉스카야 Семёновская 정류장과 중앙 광장 앞 쩬뜨랄니 쁠로시치Центральная площадь 정류장에서 하차하면 된다. 블라디보스토크의 중심 지역이지만 주요 명소 및 인기 상점들은 중앙 광장 주변에 모여 있으니 숙소에서 버스로 이동 후 도보로 돌아보자.

공항에서

🚗 **택시** 택시 부스를 이용하면 1,500루블, 막심을 이용하면 950~1,300루블 선이다. 택시는 3인까지 탑승할 수 있고, 소요 시간은 약 45분이다.

🚌 **버스** 출국장 앞 버스 정류장에서 107번 버스(1인당 200루블, 짐 1개당 100루블) 타고 종착역 블라디보스토크 기차역에서 내리면 된다. 소요 시간은 약 70분이며, 기차역을 바라보고 왼쪽으로 150m 걸어가면 오른쪽으로 연해주 정부 청사 건물이 나온다.

동선 TIP

시내 중심을 관통하는 메인 거리인 스베틀란스카야를 중심으로 동선을 계획해 보자. 랜드마크이자 꼭 가봐야 할 중앙 광장을 시작으로 서쪽에 있는 굼 백화점까지 이어지는 500m 남짓한 거리가 이 지역의 핵심 동선이다.

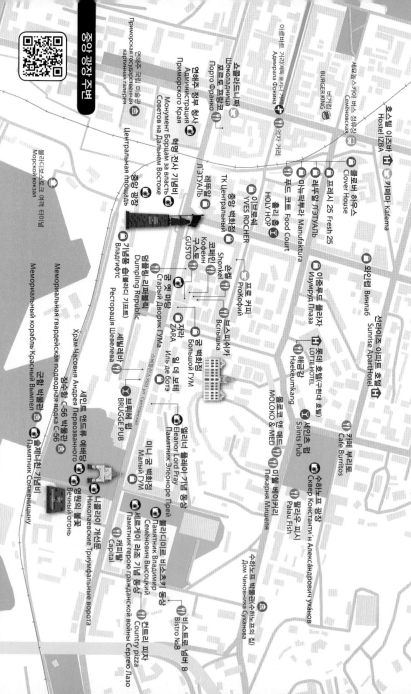

중앙 광장 주변

중앙 광장 주변
BEST COURSE

연인과 함께하는 하루 코스
유명 레스토랑과 역사적 장소를 한번에

중앙 광장 — 혁명 전사 기념비 — 도보 3분··· 굼 옛마당 — 도보 1분··· 구스토(식사) — 도보 4분··· 미니 굼 백화점 — 도보 1분···

세인트 앤드류 예배당 ←도보 1분··· 니콜라이 개선문 ←도보 1분··· 블라디미르 비소츠키 동상 ←도보 2분··· 세르게이 라조 기념 동상 ←도보 1분···

영원의 불꽃 — 도보 1분··· 잠수함 C-56 박물관 — 도보 5분··· 세빌레바 — 숙소

친구와 함께하는 하루 코스
다양한 쇼핑과 주요 명소를 한번에

숙소 — 니콜라이 개선문 — 도보 1분··· 영원의 불꽃 — 도보 1분··· 잠수함 C-56 박물관 — 도보 3분···

중앙 광장 ←도보 3분··· 브스피쉬카 (에클레어) ←도보 1분··· 굼 옛마당 ←도보 2분··· 일 데 보테 ←도보 2분··· 미니 굼 백화점 푸트 코트(식사)

기념품 숍 — 도보 1분··· 레뚜알 — 도보 2분··· 이브로쉐 — 도보 3분··· 클로버 하우스 — 도보 2분··· 포르토 프랑코 (식사) — 도보 3분···

24시 마켓으로 유명한 인기 쇼핑몰

클로버 하우스 Clover House [클라베르 하우스]

♀ 43.118751, 131.884014

주소 ул. Семеновская, 15 위치 ❶ 아르바트 거리 츄다데이가 있는 건물 앞에서 알류츠카야(Алеутская) 도로 왼쪽으로 140m ❷ 시내버스 이용 시 세묘놉스카야(Семёновская) 정류장에서 하차 후 바로 시간 9:00~21:00(지하 마트 24시간) 전화 423-230-12-05

시내 중심에 있어 버스 대부분이 정차하는 교통의 중심지이자 블라디보스토크 여행의 이정표가 되는 쇼핑몰이다. 지하부터 6층까지 총 7층으로 돼 있으며, 24시간 운영하는 지하 마켓 프레시 25Fresh 25를 포함해 약 20여 개의 액세서리, 화장품, 의류 매장이 입점해 있다. 시간대와 상관없이 여행자들이 모이는 지하의 24시간 마트는 가격도 저렴하고 할인 행사도 많아 최고 인기다. 우리의 쇼핑몰과는 달리 규모도 작고 비어 있는 매장이 여럿 있어 약간은 썰렁할 수 있지만 바다를 보며 식사할 수 있는 푸트 코드(6층)와 러시아 최대의 뷰티 드러그스토어 레뚜알L'Etoile 등 들러 볼 만한 매장도 여럿 있다.

프레시 25 Fresh 25 **B1**

극동 지방의 마트 체인인 프레시25. 고품질 제품을 합리
적인 가격으로 제공한다는 사명으로 조리 식품, 주류, 음
료, 과자 등 2만 개 이상의 제품을 판매한다. 시내에 있어
서 접근성도 좋고, 24시간 운영해 가까운 곳에 숙소를 둔
여행자는 하루에 한 번씩은 들르게 되는 쇼핑 장소다. 선
물용으로도 좋은 초콜릿과 가성비 좋은 치즈, 요거트, 소
시지, 생맥주가 인기다. 이 외에도 조리 식품 코너와 게살,
조개 관자 등 해산물 냉동 제품도 있다. 주류는 밤 10시까
지만 구매 가능하다.

위치 지하 1층 시간 24시간

레뚜알 Л'ЭТУАЛЬ [라투엘] **1F**

러시아 3대 화장품 매장 중 하나인 레뚜알은 프리미엄 브랜드만을 취급하는 뷰티 편집 숍이다.
900개 이상 매장을 보유한 러시아 1위, 세계 3위 매출을 자랑하는 러시아 최대 화장품 유통업체
로, 우리의 드러그스토어처럼 선별된 화장품을 할인된 가격으로 판매한다. 유명 브랜드 제품의
경우 국내가격과 큰 차이가 없지만 로컬 제품의 경우 가격을 비교해 보기 좋고, 무엇보다 할인 등
이벤트가 상시 열리니 뷰티 제품에 관심이 있는 여행자라면 한 번쯤 들러 보자. 중앙 광장 근처에
큰 매장도 있다.

위치 1층 시간 9:00~21:00

마뉴팍투라 Manufaktura

국내에서도 제법 인기몰이를 하고 있는 체코 화장품 브랜드 매장이다. 천연 재료를 사용하는 천
연 뷰티 제품 브랜드로 핸드크림, 맥주 샴푸, 보디 제품이 인기다. 2015년 수출 브랜드인 퓨어 체
크PURE CZECH로 한국에서도 론칭됐다. 큰 매력은 없지만 마뉴팍투라Manufaktura 브랜드를 안
다면 국내에는 없는 제품이 가득하니 가볍게 들러 보자.

위치 1층 시간 9:00~21:00

푸드 코트 **6F**

해양 공원과 아무르만 해변 전망을 가진 푸드 코트다. 매장
이 많지 않지만 한식은 물론 핀란드 햄버거 프랜차이즈 헤
스 버거Hesburger, 피자와 러시아 전통 음식점까지 약 8개
매장이 운영 중이다. 취향에 맞는 음식을 선택해 바다를 보
며 한 끼 식사를 해결할 수 있는 곳이다. 모든 메뉴는 사진
과 모형으로 제작돼 있어 주문 역시 쉽고 편하다.

위치 6층 시간 9:00~21:00

전문 바리스타가 운영하는 카페

카페마 Kafema [까페마]

📍 43.119559, 131.884473

주소 ул. Мордовцева, 3 위치 클로버 하우스를 바라보고 왼쪽 오르막길로 15m 직진 후 왼쪽 건물 1층 시간 8:00~19:00(월~금), 9:30~19:00(토~일) 홈페이지 www.kafema.ru 전화 423-249-96-69

러시아를 포함해 중국까지 지점이 있는 러시아 프랜차이즈 카페다. 블라디보스토크에만 3개 지점이 있으며, 특히 이곳은 극동 지역 바리스타 대회에서 우승 경력을 보유한 전문 바리스타가 운영하며, 직접 볶은 원두와 커피 관련 다양한 용품도 판매하고 있다. 커피 교육과 모임 등 커피와 관련된 다양한 프로그램도 있어 인기다. 진하면서도 부드러운 라테(180루블)와 에스프레소(100루블)는 많은 사람이 찾는 인기 커피다. 원두 생산지에서 바로 공급되는 질 좋은 원두를 취급해 커피 마니아들 사이에서는 원두 판매점으로도 유명하다. 가게 규모가 작고 테이블이 많지 않아 주말에는 약간의 대기를 해야 한다. 커피 외에 약 70여 종의 허브티도 판매한다.

보드카 할인으로 유명한 주류 매장

와인랩 Винлаб [빈랍]

📍 43.119188, 131.886618

주소 ул. Океанский проспект, 15/3 위치 클로버 하우스를 바라보고 왼쪽 오르막길로 직진 후 첫 번째 사거리에서 오른쪽으로 30m 시간 9:00~22:00 홈페이지 www.winelab.ru 전화 423-245-16-66

보드카 제조사인 시너지Synergy가 운영하는 주류 판매점이다. 단기간에 극동 지역 약 100여 개 매장을 오픈할 정도로 소비자 만족도가 매우 높은 곳이다. 세계 맥주부터 와인, 보드카, 위스키 등 3,000여 종 이상의 주류를 판매한다. 여행자들에게 인기 보드카인 벨루가Beluga와 러시아 대표 준고급 레벨 보드카인 루스키 스탄다르트Руский Стандарт뿐 아니라 맥주를 비롯해 위스키까지 약 30~70% 저렴한 가격으로 살 수 있다. 5,000루블 넘는 제품을 구매할 예정이라면 할인율이 좋기로 유명한 클로버 하우스 지하 매장과 중앙 광장 근처 딜란 주류점과 가격 비교해 보자. 한 가지 주의할 것은 한국 입국 시 허용된 주류 제한이 400불 이하의 가격과 1L 이하의 용량인 것을 확인해야 한다. 러시아 여행객의 경우 위탁 수화물 엑스레이 검사를 통해 병의 개수와 용량을 철저히 확인하니 꼭 필요한 수량만 구매하자. 참고로 1병 이상 반입 시 추가된 주류 구매 금액의 156%를 세금으로 내야 한다.

로모노소프 매장이 있는 쇼핑센터 　　　　　　　　　　　　　　　　　　 📍 43.118145, 131.886706

이줌루드 플라자 Изумруд Плаза [이줌루드 쁠라자]

주소 ул. Океанский проспект, 16 위치 클로버 하우스를 바라보고 오른쪽 오르막길로 270m 직진 후 횡단보도 건너편 건물 시간 10:00~19:00 홈페이지 www.izumrudplaza.ru 전화 423-273-46-06

1969년에 문을 연 귀금속 전문 매장이다. 지금은 1층 귀금속 매장을 제외하고는 의류, 화장품 매장이 주를 이루는 종합 쇼핑몰로 운영하고 있다. 블라디보스토크의 다른 쇼핑몰처럼 공실이 많아 썰렁한 분위기지만 우리나라보다 저렴한 금이나 보석 등 귀금속을 구매하기 위해 방문하는 여행자들이 종종 보인다. 작은 규모지만 러시아 황실 도자기 매장인 로모노소프 매장 임페리얼 포슬린Imperial porcelain도 인기다. 로모노소프 매장은 입구로 들어가 귀금속 매장이 모여 있는 공간에서 오른쪽 끝 통로로 한쪽에 있다. 참고로 이줌루드Изумруд는 러시아어로 '에메랄드'란 뜻으로 건물 외관 역시 에메랄드 빛 녹색을 띠고 있다.

국내 판매가보다 저렴한 프랑스 뷰티 매장 　　　　　　　　　　　　　　　 📍 43.117035, 131.884554

이브로쉐 YVES ROCHER [이브로쉐]

주소 ул. Адмирала Фокина, 16 위치 클로버 하우스를 바라보고 오른쪽 오르막길로 20m 직진 후 육교로 이어지는 오른쪽 도로로 100m 시간 9:00~20:00(월~토), 10:00~19:00(일) 가격 149루블(샤워젤), 129루블~(핸드크림) 홈페이지 www.yves-rocher.ru 전화 253-610-32-34

국내에서도 꽤 유명한 프랑스 뷰티 브랜드 이브로쉐 매장이다. 스킨 케어와 보디 제품 등 천연 재료를 이용한 다양한 품목의 뷰티 제품을 국내보다 저렴한 가격에 판매한다. 가장 핫한 제품은 국내 판매 가격에서 약 60~70% 저렴한 샤워젤과 비누, 립밤이다. 천연 계면 활성제를 사용한 샴푸와 식물에서 추출한 천연 화장품도 인기다. 50% 할인 행사나 1+1 등 이벤트가 상시 열리고 국내에는 판매되지 않은 제품도 여럿 있다. 오후에는 물건이 많지 않으니 되도록 오전에 방문하는 것이 좋다. 홈페이지에는 제품별 가격, 성분 등 상세설명이 나와 있다.

캐주얼한 분위기의 수제 맥주 펍

📍 43.117306, 131.885934

홀리 홉 HOLY HOP [홀리 홉]

주소 B1, ул. Океанский проспект, 9 위치 클로버 하우스를 바라보고 오른쪽 오르막길로 직진 후 첫 번째 사거리에서 오른쪽으로 100m 시간 12:00~다음 날 오전 2:00 가격 150루블~ (맥주) 전화 423-250-29-29

소량 생산하는 수제 맥주와 유럽풍 요리를 선보이는 맥주 펍이다. 지하 1층에 있는 인기 펍으로, 빨간 벽돌로 이루어져 오래된 양조장 느낌을 풍긴다. 수백 종의 주류가 진열된 2개의 진열장과 바, 10개 남짓한 테이블로 구성돼 있다. 20개의 수제 맥주 탭에서는 2종의 러시아 맥주를 비롯해 세계 각국의 수제 맥주가 있는데 모두 국내에서는 찾아볼 수 없는 종류다. 러시아에 온 만큼 러시아 수제 맥주인 그렌트 우드Grant Wood(180루블~)를 추천한다. 에일

맥주를 좋아한다면 독일 맥주인 마이셀 & 프렌즈Maisel & Friends IPA(220루블~)나 리투아니아 맥주인 언노운 쇼어Unknown Shore(160루블~)도 맛있다. 영어가 가능한 직원도 있고 요청 시 테이스팅도 가능하다. 월요일부터 금요일까지 12:00~17:00 사이에는 매일 메뉴가 바뀌는 해피 아워(300루블)도 운영된다.

전국에 지점이 있는 프랜차이즈 카페

📍 43.116572, 131.882776

쇼콜라드니짜 ШОКОЛАДНИЦА [쇼콜랃니짜]

주소 ул. Светланская, 13 위치 ❶ 클로버 하우스를 바라보고 오른쪽 알류츠카야(ул. Алеутская) 도로로 250m ❷ 아르세니예프 박물관 건물 대각선 시간 9:00~24:00 가격 100루블~(커피), 150루블~(팬케이크) 홈페이지 www.shoko.ru 전화 423-241-18-77

러시아 전역에 매장을 운영하고 있는 프랜차이즈 카페다. 더 정확히 설명하자면 커피와 각종 음료, 간편식 메뉴도 판매하는 카페로, 러시아 수도 모스크바에는 마을마다 하나씩 매장이 있을 정도로 인기인 곳이다. 브라운 계열의 따뜻한 느낌을 주는 편안한 인테리어와 합리적인

가격이 특히 사랑받는 이유다. 특별히 맛의 퀄리티가 높다는 느낌은 아니지만 커피, 차, 케이크와 같은 디저트, 브런치 메뉴들이 모두 기본은 하는 곳이다. 사진이 담긴 메뉴판이 준비돼 있고 가격대는 레스토랑과 로컬 식당의 중간 수준이다.

오랜 역사를 가진 러시아 음식 전문 레스토랑

📍 43,116317, 131,883176

포르토 프랑코 Порто Франко [뽀르따 쁘란카]

주소 B1, ул. Светланская, 13 위치 클로버 하우스를 바라보고 오른쪽 알류츠카야(ул. Алеутская) 도로로 250m 직진 후 사거리에서 좌회전 후 지하 계단 입구 시간 12:00~24:00(일~목), 12:00~다음 날 2:00(금~토) 가격 500루블~(1인 예산) 전화 423-241-42-68

20세기 초 블라디보스토크로 몰려든 예술가와 시인, 음악가 등 보헤미안을 위해 만들어진 술집이다. 과거 예술인들의 공연장이 위치했던 건물 지하에 1919년 문을 연 오랜 역사를 가진 곳으로, 지금은 러시아 전통 음식부터 조지아 음식과 다양한 종류의 술을 판매하는 레스토랑으로 운영하고 있다. 유서 깊은 식당임에도 잘 관리된 내부와 앤티크한 스타일이 분위기를 자아낸다. 감자와 함께 나오는 돼지고기 샤슬릭Skewers of

Pork with Potatoes(500루블)과 러시아 전통 수프인 보르시Borscht(350루블)는 여행자들이 즐겨 찾는 인기 요리다. 방문하는 한국 여행객이 많아 기대했던 로컬 분위기는 아닐 수 있고 맛에 대한 평가도 호불호가 있다. 주문 시 러시아 맥주를 권하는데 가격이 다소 높다(350루블). 매주 금요일과 토요일 밤에는 색소폰이나 피아노 연주도 열린다.

블라디보스토크에서 가장 높은 현대 시설

📍 43,115709, 131,883248

연해주 정부 청사

Администрация Приморского Края [아드미니스트라짜야 쁘리모스까바 끄라야]

주소 ул. Светланская, 22 위치 클로버 하우스를 바라보고 오른쪽 알류츠카야(ул. Алеутская) 도로로 270m 직진 홈페이지 www.primorsky.ru

러시아 영토에서 동남쪽 바다와 인접해 있는 연해주 지역을 관리하는 청사다. 여행자로서 청사를 이용할 일은 거의 없지만 블라디보스토크에서 가장 높은 건물이며 연해주 지역은 약 20만 명의 한인 이주민이 거주했던 곳이자 항일 독립 운동이 일어났던 우리의 역사속 지역을 관리하는 곳인 만큼 기념사진 정도 담아 보자. 참고로 연해주는 러시아어로는 프

리모르스키 크라이Приморский край라 부르며 바다와 접해 있는 연해라는 뜻으로 줄여서 프리모리예Примóрье라고도 한다.

혁명 광장으로도 불리는 블라디보스토크 중심 광장

중앙 광장 Центральная площадь [찐뜨랄나야 쁠로쉿츠]

📍43.115244, 131.885432

주소 Центральная площадь 위치 클로버 하우스를 바라보고 오른쪽 오르막길로 직진 후 첫 번째 사거리에서 오른쪽으로 270m

블라디보스토크 시민들에게는 마음의 안식처이자 중요한 행사가 열리는 블라디보스토크의 중심 광장이다. 대학교 운동장만 한 규모의 공간에 과거 소비에트 혁명을 기리는 기념 조각상이 있어 '혁명 광장'이라고도 불린다. 과거 소비에트 사회주의 공화국으로 구성된 최초의 사회주의 연방 국가인 소련 체제를 유지하기 위해 조성하고 사용한 공간이다. 과거 블라디보스토크로 이주했던 고려

인들을 모아 강제 이주시켰던 우리에게는 슬픈 역사를 가진 곳이기도 하다. 지금은 시민들의 휴식 공간이자 찬란했던 사회주의 공화국이었던 옛 소련의 과거를 볼 수 있는 역사적 장소로 자리매김했다.

주말 시장

연해주 정부에서 승인한 금요일, 토요일 오전부터 오후 4시까지 간이 부스로 된 재래시장이 열린다. 시민들이 직접 채취한 꿀과 해산물부터 즉석에서 먹을 수 있는 요깃거리까지 연해주 지방의 특산품을 저렴한 가격으로 살 수 있다. 시장 개설은 고정 행사가 아니며 다른 행사로 인해 취소될 수 있으니 참고해서 일정을 계획하자.

혁명을 기념하기 위한 기념비　　　　　　　　♀ 43.115548, 131.885376

혁명 전사 기념비 Памятник Борцам за власть Советов на Дальнем Востоке

[빠미트닉 바르참 자블라스트 사볘타브나 달넴 바스토케]

주소 Центральная площадь 위치 클로버 하우스를 바라보고 오른쪽 알류츠카야(ул. Алеутская) 도로로 270m 직진 시간 24시간 요금 무료

소련이 탄생하기까지 겪었던 극동 지역의 혁명을 기억하고 사회주의 정권 수립을 위해 싸운 병사들과 혁명가들을 기리기 위해 세워진 조각 기념비다. 모스크바 출신 조각가 알렉세이 일리치Alexei Ilyich가 1961년 완성한 청동 기념비로, 중앙에는 로마노프 왕조의 마지막 황제인 니콜라이 2세를 몰아내고 볼셰비키(소련 공산당의 전신) 정권 수립에 앞장선 극동 공화국의 인민군이 깃발을 들고 서 있고, 중앙에 설치된 기념비를 바라보고 있고, 오른쪽에는 당시 활약했던 무병 병사 조각상, 반대편에는 반대 세력을 몰아내고 사회주의 공화국을 뿌리내린 혁명가와 군인, 노동자 조각상이 있다. 과거 찬란

했던 소비에트 사회주의 공화국의 역사가 남아 있는 기념비로, 블라디보스토크를 방문하는 모든 여행객이 들르는 명소로 자리매김했다.

3층짜리 건물 전체를 사용하는 기념품 숍　　　　♀ 43.114469, 131.885800

기념품 숍(블라디 기프트) Владгифтс [블라드기-쁘트스]

주소 ул. Корабельная Набережная, 1а 위치 중앙 광장에서 혁명 전사 기념비를 정면으로 바라보고 뒤쪽으로 15m(중앙 광장에서 기념품 숍으로 바로 연결되는 다리 있음) 시간 9:00~19:00 전화 423-200-12-15

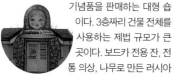

기념품을 판매하는 대형 숍이다. 3층짜리 건물 전체를 사용하는 제법 규모가 큰 곳이다. 보드카 전용 잔, 전통 의상, 나무로 만든 러시아 인형 마트료시카와 접시, 골동품까지 수천 종의 제품이 가득하다. 가격대는 제품에 따라 천

차만별이며, 인기 기념품인 마트료시카는 50루블부터 1만 루블까지 종류도 다양하다. 기념품 숍 내에는 당근 크림 등 뷰티 제품도 있는데 가격은 약간 비싼 편이다. 마그넷 제품이나 열쇠고리 등 가격대가 저렴한 제품도 제법 있고, 중앙 광장에서 기념품 숍으로 바로 연결된 다리가 있으니 가볍게 들러 구경해 보자.

현지인들이 즐겨 찾는 쇼핑몰

중앙 백화점 Центральный [친뜨랄느이]

📍 43.115931, 131.886037

주소 Svetlanskaya Ulitsa, 29, Vladivostok 위치 중앙 광장 지하도로 바로 연결 시간 10:00~20:00 전화 423-220-53-65

러시아어로 '중앙'이란 뜻을 가진 쇼핑몰이다. 기념품 숍이 모여 있는 지하부터 레스토랑이 있는 지상 5층까지 약 100여 개의 매장이 있다. 블라디보스토크에 위치한 쇼핑몰 중에서는 가장 붐비는 인기 몰로 1층은 러시아 통신사인 MTC, 인기 뷰티 숍인 세포라Sephora가 입점해 있는 일 데 보테Иль де ботэ 매장이 있고, 2층은 해적 커피로 알려진 알리스 커피와 헤스 버거 등 유명 프랜차이즈 매장과 전자제품 전문 매장인 엠.비데오가 있다. 기념품 매장이 모여 있는 지하 1층에는 중앙 광장과 연결되는 지하도가 있으니 참고하자.

104

기념품 숍 B1

나무로 만든 러시아 인형 마트료시카를 판매하는 곳부터 각종 기념품, 생활용품을 판매하는 미니 숍이 가득하다. 중앙 광장에 있는 기념품 숍보다 가격대는 높지만 희귀 아이템이 가득하고 흥정도 가능하다.

위치 지하 시간 10:00~20:00

식당가 2F

해적 커피로 불리는 로컬 커피 브랜드인 알리스 커피 Aliis Coffee와 핀란드 햄버거 전문 패스트푸드 헤스 버거 Hesburger, 시나몬Cinnabon 등 유명 프랜차이즈가 여럿 입점해 있다. 디저트나 간단하게 한 끼 해결하기 괜찮은 곳이다.

위치 2층 시간 10:00~20:00

엠.비데오 M.Видео [엠 비디에오] 2F

러시아에서 전자 제품 소매점 매출 1위를 차지하고 있는 전자 제품 판매점이다. 우리나라와 비교하면 크게 매력적인 제품이나 가격대는 아니지만 스마트폰 정품 케이블이나 스마트폰 소품은 가격대가 괜찮으니 관심있다면 한 번쯤 구경해 볼 만하다.

위치 2층 시간 10:00~20:00

러시아 No.1 뷰티 편집 숍

레뚜알 Л'ЭТУАЛЬ [라투엘]

📍43.115997, 131.885231

주소 ул. Светланская, 27 위치 중앙 광장 지하도를 통해 맞은편으로 나와 10m 시간 10:00~21:00 홈페이지 www.letoile.ru 전화 800-333-77-11

혁명 전사 기념비 바로 맞은편 왼쪽 건물 1층에 있는 러시아 최대 뷰티 편집 숍이다. 2016년 기준 러시아와 우크라이나 등 280개 도시에 약 1,000개 이상 매장을 운영하고 있으며 러시아

화장품 시장의 65%를 장악하고 있는 브랜드로, 러시아 1위는 물론 세계 3위의 매출을 자랑한다. 화장품 유통회사로, 우리의 드러그스토어처럼 선발된 화장품을 할인된 가격으로 판매한다. 입점 브랜드는 우리의 백화점 화장품부터 중저가 브랜드까지 보유하고 있다. 쇼핑 상점으로 인기인 츄다데이와 비교하면 가격은 약간 높은 편이고 향수부터 색조 화장, 케어 제품까지 종류는 더 많다. 매년 연말에는 50% 할인 행사 및 1년 상시 행사가 진행되니 뷰티 제품에 관심이 있다면 들러 보자.

가수 테이 커피로 더 유명한 라테 아트 카페

프로 커피 ProКофий [프라꼬삐]

📍43.116689, 131.886628

주소 ул. Адмирала Фокина, 22 위치 중앙 광장 지하도를 통해 맞은편 MTC 통신사 앞으로 나와 뒤쪽 삼거리에서 오른쪽으로 140m 직진 후 첫 번째 사거리에서 오른쪽으로 80m 시간 9:00~21:00(월~목), 9:00~22:00(금), 10:00~22:00(토~일) 가격 108루블(아메리카노), 138루블(라테), 223루블(아트 라테) 전화 914-737-02-03

화려한 라테 아트를 선보이는 카페다. 조용한 골목길에 5개 테이블이 전부인 작고 아담한 카페지만, 라테 아트 분야에서 다양한 수상 이력을 보유한 바리스타가 운영하고 있다. 가수 테이가 출연한 국내 방송 프로그램에 소개되면서 한국 여행자들의 발걸음이 끊이지 않고 있다. 우유 거품 외에도 다양한 맛과 색깔을 가진 튜브형 잼과 시럽을 이용해 다채롭고 아름다운 라테 아트를 선보인다. 인기 메뉴는 방송에서

가수 테이가 아티스틱 커피Artistic coffee라 주문하고 받은 컬러풀한 커피다. 메뉴판에도 없는 한국 시청자와 테이만을 위한 커피로, 국내에서는 아티스틱 커피로, 가게에서는 테이 커피로 불린다(223루블, 토핑에 따라 변동 있음). 이외에도 에스프레소를 시작으로 커피에 추가되는 재료에 따라 달라지는 약 80여 종의 커피가 있다. 매일 오전에 들어온다는 수제 케이크와 비스킷도 괜찮다. 커피에 원하는 그림이나 문구를 스마트폰으로 보여 주면 그려 주기도 한다. 유료 시럽을 여러 개 추가해 세상에서 단 하나뿐인 나만의 색으로 완성된 라테도 만날 수도 있다. 참고로 오래전부터 러시아인들은 기호에 맞는 시럽을 커피에 넣어 마시는 문화가 있다.

32가지의 덤플링을 맛볼 수 있는 중국 음식점

 43.115703, 131.886756

덤플링 리퍼블릭 Дамплинг Репаблик [담플링 리파블릭]

주소 B1, ул. Светланская, 31 위치 중앙 광장 지하도를 통해 맞은편 MTC 통신사 앞으로 나와 60m 직진 후 왼쪽 대형 스크린이 걸려 있는 우수리Уссури 극장 건물 지하 시간 11:00~24:00 가격 300루블~(1인 예산) 홈페이지 www.dumplingrepublic.ru 전화 423-263-63-63

싱가포르 마스터 셰프 심 킴 귀Sim Kim Kwee가 선보인 중화요리 전문점이다. 가게 이름에서도 알 수 있듯 덤플링을 전문으로 하며, 만두와 딤섬, 튀김만두를 포함한 32가지의 덤플링과 북경 오리, 중국식 국수 등 100여 가지의 퓨전 중국 음식을 판매한다. 추천 메뉴는 돼지고기 육즙이 가득한 37번(190루블)과 해산물 볶음면

인 22번(360루블), 돼지고기와 해산물이 들어간 춘권 32번(215루블)이다. 이 외에도 거의 모든 음식이 우리의 입맛에 잘 맞으니 취향에 맞게 선택하자. 사진과 영어로 잘 정리된 메뉴판을 살펴보고 주문서에 체크 후 제출하면 주문 완료. 해양 공원 근처 3D 아이맥스 영화관 건물에도 지점이 있다.

블라디보스토크 랜드마크이자 최대 규모의 백화점

 43.115542, 131.887514

굼 백화점 Большой ГУМ [발쇼이 굼]

주소 ул. Светланская, 33 위치 중앙 광장 지하도를 통해 맞은편 MTC 통신사 앞으로 나와 130m 직진 시간 10:00~20:00(월~토), 10:00~19:00(일) 홈페이지 www.vladgum.ru 전화 423-222-20-54

블라디보스토크의 랜드마크이자 가장 큰 규모를 자랑하는 백화점이다. 1884년 독일 무역상에 의해 지어진 오래된 목조 건물을 독일 아르누보 양식으로 재건축해 사용하고 있다. 화려하면서도 뛰어난 외관을 자랑하는 굼 백화점은 블라디보스토크 여행 시 꼭 들러 봐야 할 대표 명소가 됐다. 과거 소련 정권에 의해 국유화 됐다가 지금은 러시아 기업이 인수해 운영

하고 있다. 굼 백화점은 자라ZARA 매장이 입점해 있는 메인 건물과 백화점 뒤 카페, 레스토랑이 운영되고 있는 굼 옛 마당Старый Дворик ГУМа, 도보 5분 거리에 있는 미니 굼까지 총 3개로 구별되며 건물 전체의 일부만 백화점으로 사용하고 있다. 2층 이상부터는 매장 대부분이 비어 있어 약간 썰렁하지만 블라디보스토크 여행 시 꼭 들러 봐야 할 쇼핑 장소인 츄다데이 Чудодей(1층)와 극동 지역에서는 유일한 자라 ZARA매장이 있고 중국산 제품을 취급하는 다른 쇼핑몰과 달리 질 좋은 제품이 주를 이룬다. 참고로 굼ГУМ(GUM)은 러시아어로 종합 백화점을 줄인 약자로, 주인은 다르지만 모스크바의 붉은 광장에 있는 백화점이 가장 크고 유명하다.

인기 상점들이 모여 있는 작은 골목길

굼 옛 마당 Старый Дворик ГУМа [스타르이 드보릭 구마]

📍 43.115657, 131.887125

주소 일대 ул. Светланская, 31/3 위치 중앙 광장 지하도를 통해 맞은편 MTC 통신사 앞으로 나와 120m 직진 후 굼 백화점 옆 골목으로 10m 시간 상점마다 다름

굼 백화점 뒤편에 조성된 작은 골목이다. 과거 정원이 있었던 건물 마당으로, 구소련 시대에는 창고로 사용되다 지금은 잘 정비해 레스토랑, 디저트 숍 등 8개 남짓한 인기 가게들이 모여 있는 골목으로 탈바꿈했다. 벽면 곳곳에서 보이는 감성적인 일러스트와 흩어져 있는 아기자기한 소품들. 거기에 분위기 좋은 고급 레스토랑과 카페 등이 있어 20~30대 젊은 층이 즐

겨 찾는다. 규모가 매우 작아 아쉬움이 있지만 감성적인 사진을 찍거나 잠시 쉬어 가기 괜찮은 곳이다. 낮과 밤 분위기가 매우 다르니 기회가 된다면 해가 떠 있는 시간대와 해가 진 이후에도 방문해 보자. 굼 백화점 2층과 연결되는 작은 문이 있으니 참고하자. 골목 초입에 주차장이 있어 주말에는 약간 혼잡하다.

💬 굼 옛 마당 인기 상점

현지인들이 즐겨 찾는 분위기 좋은 카페

코페인 Кофеин [코페인]

📍 43.115803, 131.887570

주소 ул. Светланская, 33 위치 ① 굼 백화점을 바라보고 왼쪽 골목으로 들어가 오른쪽 첫 번째 건물 1층 ② 굼 백화점 2층에서 연결 시간 8:30~23:00(월~금), 10:00~23:00(토~일) 가격 90루블~(커피, 아이스 주문 시 +20루블), 9루블~(베이커리) 전화 984-229-78-08

굼 백화점 건물 2층에 있는 캐주얼한 카페. 브라운 계열의 편안한 인테리어와 안락한 분위기로 현지인들이 즐겨 찾는다. 얼음이 가득 들어가는 아이스 아메리카노와 가성비 좋은 케이크, 샌드위치도 있다. 와이파이 속도도 제법 빨라 노트북

작업도 무리가 없다. 여행자에게 유명한 해적 커피와 비교하면 맛과 분위기 모두 우위다. 단점으로는 현지인들이 애용하는 곳인 만큼 오래 머무르기에는 약간 눈치가 보이고, 좌석은 크게 2개 존으로 나누어져 있는데 카운터 앞 창가 자리를 강력 추천한다.

북유럽풍 고급 레스토랑

구스토 GUSTO [가스토]

📍 43.115965, 131.887352

주소 ул. Светланская, 33/2 위치 굼 백화점을 바라보고 왼쪽 골목으로 들어가 오른쪽 두 번째 건물 1층 시간 12:00~23:00(월~목), 12:00~다음 날 1:00(금), 13:00~다음 날 1:00(토), 13:00~23:00(일) 가격 500루블 ~(1인 예산), 470루블~(월~목, 런치) 전화 917-790-00-67

블라디보스토크 식당 순위에서 상위권인 레스토랑이다. 오픈한 지 얼마 되지 않았지만 현지인들 사이에서는 괜찮은 레스토랑으로 입소문이 났다. 오픈 키친과 모던한 느낌의 북유럽풍 인테리어가 인상적이다. 인기 메뉴는 호박과 새우가 들어간 빠스타 스츄키니 이크리베트코이Паста с цуккини и креветкой(410루블), 토마토 소스에 모차렐라 치즈가 더해진 카자리취스타마타미Казаречче с томатами(340루블)를 추천한다. 티라미수Тирамису(310루블)와 참치가 들어간 샐러드 따르따르 이즈 툰챠Тартар из тунца(310루블)도 추천한다. 주말 저녁은 예약이 필수고 고급 레스토랑임에도 월요일부터 목요일까지 가성비 좋은 런치 메뉴(470루블 코스: 요리 2개+음료, 570루블 코스: 요리 2개+와인)를 12:00~16:00 사이에 선보인다.

에클레어로 유명한 디저트 카페

브스피쉬카 ВСПЫШКА [스쁼쉬카]

📍 43.115963, 131.887662

주소 1f, ул. Светланская 33/2 위치 굼 백화점을 바라보고 왼쪽 골목으로 들어가 오른쪽 첫 번째 골목으로 우회전 후 사거리 마당에서 왼쪽 건물 1층 시간 8:30~20:00 가격 170루블~(에클레어), 120루블~(차) 홈페이지 www.vspyshka-eclair.ru 전화 423-276-92-91

인증 사진으로 유명해진 에클레어를 판매하는 디저트 카페다. 테이블이 5개 남짓한 아담한 카페지만 보기만 해도 침이 넘어가는 비주얼에 맛까지 괜찮은 약 30여 종의 디저트를 판매한다. 인기 디저트는 길쭉한 형태의 커스터드 크림이 쏙 들어간 페이스트리에 생크림과 각종 과일을 올린 에클레어. 올라가는 토핑에 따라 다르지만 거의 모든 에클레어가 부드럽고 맛있다. 직원이 추천하는 인기 디저트는 나폴레옹 에클레어Napoleon Eclair(220루블)다. 많진 않지만 타르트 종류도 맛있다. 국내 유명 디저트 가게와 비교하면 특별하다 싶을 정도의 맛은 아니지만 가격 대비 만족도는 훌륭하다. 이유는 모르겠지만 국내 여행자들 사이에서는 '퍼스트 시트'란 이름으로 알려져 있다.

블랙 번 수제 버거로 유명한 레스토랑 📍 43.115893, 131.887595

숀켈 Shönkel [숀켈] 🍽

주소 ул. Светланская 33/2 위치 굼 백화점을 바라보고 왼쪽 골목으로 들어가 오른쪽 첫 번째 골목으로 우회전 후 사거리 마당에서 왼쪽 건물 1층 시간 9:00~21:00 가격 150루블~(커피), 300루블~(버거) 홈페이지 www.shonkel.ru 전화 423-280-28-20

2013년 블라디보스토크 정부 지원을 받아 푸드 트럭으로 시작해 이제는 어엿한 매장을 운영하고 있는 레스토랑이다. 유럽 여행에서 영감을 얻어 연구 끝에 미국 농부들이 즐겨 먹는 바비큐 특제 소스를 개발한 후 어디에서든 쉽게 먹을 수 있는 수제 버거를 20여 종을 메인으로 한 미국식 음식을 선보이는 곳이다. 이 가게의 또 다른 특징은 직접 구운 형형색색의 번을 사용하고 두툼한 돼지고기 패티를 사용한다는 것이다. 쫀득하면서 담백한 번도 맛있지만 특제 소스가 뿌려진 패티 맛이 일품이다. 가장

인기 메뉴는 블랙 번을 사용한 블랙 워크 버거 Black work Burger(450루블)다. 핑크 빛 번을 사용하는 핑크 드림 버거Pink Dream Burger(400루블)는 맛도 맛이지만 인스타 인증 사진으로 인기다. 채식주의자나 무겁지 않은 버거를 좋아하는 사람을 위한 해시브라운(감자 튀김이 아닌 우리의 감자전과 유사함) 버거(350루블)와 베지 버거(300루블)도 있다. 수제 버거로 유명한 또 다른 가게 댑 버거와 비교하면 맛은 2% 부족한 느낌이지만 독특한 비주얼과 독창성은 이곳이 더 만족도가 높다.

세계적으로 유명한 스페인 SPA 패션 브랜드 📍 43.115457, 131.888022

자라 ZARA [자라] 🛒

주소 ул. Светланская 33 위치 ❶ 굼 백화점을 바라보고 오른쪽으로 10m ❷ 굼 백화점 2층에서 바로 연결 시간 10:00~20:00(월~토), 10:00~19:00(일) 홈페이지 www.zara.com/ru/ 전화 800-333-46-05

국내에도 매장이 있는 글로벌 SPA 패션 브랜드 매장이다. 1975년 아만시오 오르테가가 설립해 지금은 세계적으로 각광받고 있는 스페인 의류 브랜드인 자라는 합리적인 가격대와 감각적인 디자인, 무엇보다 최신 유행을 반영한 신제품이 빠르게 출시되는 것으로 유명하다. 이

곳은 러시아 극동 지역에서 유일한 매장으로 규모가 크고 신제품이 많다. 가격면에서는 한국 매장과 비슷해 큰 매력은 없지만 제품 품목에서는 국내에 없는 패션 아이템이 가득하니 패션에 관심이 있다면 한번쯤 들러 보자.

영화 속에서나 나올 법한 근사한 레스토랑 📍 43.114954, 131.889305

셰빌레바 Ресторація Шевелева [레스타라시아 쉬빌리바]

주소 2f, ул. Светланская, 44 위치 굼 백화점을 바라보고 오른쪽으로 220m 직진 후 일 데 보테 건물 맞은편 2층 시간 12:00~24:00 가격 800루블~(1인 예산) 홈페이지 www.shevelevrest.ru 전화 423-279-55-77

러시아 역사 기념물로 지정된 건물을 리모델링해 2017년 1월에 오픈한 고급 레스토랑이다. 블라디보스토크에 있는 레스토랑 중 분위기로는 갑인 곳이다. 20세기 초 전통 러시아 요리와 유럽 요리를 선보이며, 추천 메뉴는 러시아식 팬케이크라 불리는 블린에 버터를 바르고 허브와 레드 캐비아를 올린 노블 블린 위드 레드 캐비아Novel Blinis with Red Caviar(320루블)와 해산물에 약간 매콤한 화이트 크림을 베이스로 한 화이트 시 수프 White Sea Soup(690루블)다. 메인 요리로

는 송아지 구이 그릴드 빌Grilled Veal(900루블)과 넙치 스테이크 프리모스키 핼리벗Primorsky Halibut(950루블)을 추천한다. 테라스에서는 스베틀란스카야Светланская 거리를 담을 수 있는 환상적인 뷰를 볼 수 있으니 참고하자. 가게 천장 한쪽에 그려진 초상화는 러시아 최초의 해운 회사인 셰빌레프Shevelev & Co의 설립자이자 극동 연방 대학교를 공동으로 세운 미하일 셰벨레브Mikhail Shevelev와 그의 가족들을 그린 것이다. 이 레스토랑은 그의 아들이 지은 것이라고 한다. 매주 금요일 저녁에는 피아노 연주가 있으니 연인과 로맨틱한 시간을 보내고 싶은 여행자라면 강력 추천한다.

세포라가 입점해 있는 뷰티 편집 숍 📍 43.115216, 131.889499

일 데 보테 Ильдеботэ [일 데 보타]

주소 2f, ул. Светланская, 37a 위치 굼 백화점을 바라보고 오른쪽으로 220m 시간 10:00~21:00 홈페이지 www.iledebeaute.ru 전화 423-243-13-88

뷰티 분야에서는 유명한 러시아 프리미엄 편집 숍이다. 중저가 제품이 주를 이루는 츄다데이와 중고가 제품을 판매하는 레뚜알과 더불어 러시아 뷰티 시장을 이끌고 있는 편집 숍으로, 세포라, 라프레리, 에스티 로더 등 다양한 글로

벌 브랜드가 입점해 있다. 가격을 비교하면 면세점보다 높지만 국내 매장보다는 저렴한 편이다. 가장 많이 찾는 세포라는 한국 미출시 제품이 여럿 있고 제품마다 다르지만 상시 열리는 할인 행사와 겹치면 20~50%까지 저렴하게 구매할 수 있다. 러시아에서는 제법 규모가 큰 편집 숍 브랜드지만 약간은 허름해 보이는 2층 건물에 있고 건물을 바라보고 왼쪽 문이 일 데 보테 매장 입구다.

벨기에 맥주를 전문으로 하는 맥주 펍(Pub)

📍 43.114900, 131.889576

브뤼헤 펍 BRUGGE PUB [브라그 팝]

주소 2f, ул. Светланская, 44A 위치 굼 백화점을 바라보고 오른쪽으로 220m 직진 후 일 데 보테 건물 맞은편 1층 시간 11:00~다음 날 2:00(일~목), 11:00~새벽 4:00(금~토) 가격 300루블~(맥주) 홈페이지 www.brugge-pub.ru 전화 423-252-44-33

서 만든 아헬 블론드Achel Blond(330루블, 8도), 로슈포르 10Rochefort 10(330루블, 11.3도), 국내 판매가 5만 원으로 이슈였던 데릴리움 트레멘스Delirium Tremens(330루블, 8.5도)와 블론드 에일인 오메르OMER(750루블, 8도)를 강력 추천한다. 곁들이는 안주 메뉴는 200~300루블 사이다. 평일 11:00~15:00에는 메인 요리 기준 300루블대 런치 메뉴도 판매하고, 건물 안쪽에는 야외 테라스가 있어 선선한 시간에 방문한다면 테라스 자리도 추천한다. 참고로 벨기에는 전 세계에서 가장 다양하고 특색 있는 맥주를 생산하는 국가로 맥주 브랜드만 500여 개 이상이 있는 맥주 강국이다.

벨기에 맥주와 벨기에 음식(안주)을 메인으로 하는 맥주 펍이다. 벨기에 여행에서 영감을 받아 오픈했다는 캐주얼한 분위기의 펍으로, 약 20여 종의 벨기에 맥주와 34종 생맥주, 약 80여 종의 와인과 위스키 등의 주류가 있다. 고급 레스토랑 못지않은 근사한 분위기에 젊은 직원들 모두 친절해서 러시아 느낌은 찾아볼 수 없는 유럽풍 펍이다. 트라피스트 수도원에

과거 블라디보스토크를 기록한 미국인 기념비

📍 43.114943, 131.890502

엘리너 프레이 기념 동상 Eleanor Lord Pray Памятник Элеоноре Прей

[엘레오아노르 롤드 프레이 파먀트닉 엘레아나르 쁘레이]

주소 Svetlanskaya Ulitsa, 41, Vladivostok 위치 굼 백화점을 바라보고 오른쪽으로 320m 우체국 옆 시간 24시간

1894년에 연해주로 넘어와 1930년까지 살았던 미국인 엘리너 프레이Eleanor Pray를 기념하기 위해 세운 동상이다. 남편을 따라 연해주 지역으로 온 그녀는 고국을 그리워하며 친구와

가족들에게 2천여 통의 편지를 보냈다. 그녀의 편지에는 가족과 친구에 대한 그리움뿐 아니라 당시 블라디보스토크의 도시 개발과 두 번의 전쟁 그리고 혁명과 내란 등 격동의 시기가 생생히 묘사돼 있었다. 가족들의 공개로 알려진 그녀의 편지는 역사적 가치를 인정받아 두 권의 책으로 출간됐고, 전 세계에 블라디보스토크란 도시를 알리는 중요한 계기가 됐다. 이에 블라디보스토크는 그녀에 대한 감사함과 미국과 러시아의 우호적 상징으로 기념 동상을 만들어 그녀가 살던 마을 근처 계단에 세웠다.

쾌적한 쇼핑을 원한다면 여기로

미니 굼 백화점 Малый ГУМ [말르이 굼]

📍 43.114831, 131.891355

주소 ул. Светланская 45 위치 굼 백화점을 바라보고 오른쪽으로 350m 시간 10:00~20:00(쇼핑센터), 11:00~22:00(엔터테인먼트) 홈페이지 www.vladgum.ru/mgum 전화 423-274-21-82

굼 백화점이 운영하는 쇼핑과 엔터테인먼트 센터로 구성된 백화점이다. 모체인 굼 백화점 못지않게 미니 굼 백화점 역시 오랜 역사를 자랑한다. 대규모 재건축을 끝내고 2012년 재개됐다. 총 6층으로 된 건물 내부는 판도라 PANDORA, 선라이트SUNLIGHT 등 귀금속 전문 매장이 있고, 국내에도 매장이 있는 크록스

Crocs, 퀵실버Quiksilver 와 일본 홋카이도 생초콜렛 전문점 로이스 ROYCE 등 20~30대 층을 겨냥한 해외 브랜드가 주를 이룬다. 블라디보스토크 다른 쇼핑몰과 비교하면 입점 매장도 많고 해외 브랜드가 많아 인기다. 5~6층에는 가성비 괜찮은 인기 식당도 여럿 모여 있다.

러시아 마지막 황제 니콜라이 2세를 위해 지은 문

📍 43.113916, 131.892518

니콜라이 개선문 Николаевские Триумфальные ворота

[니칼라옙스키 뜨리움빨느예 바로따]

주소 ул. Петра Великого, 6 위치 굼 백화점을 바라보고 오른쪽으로 380m 직진 후 삼거리에서 오른쪽 공원 계단으로 10m 시간 24시간

과거 러시아를 지배했던 로마노프 왕조 마지막 황제 니콜라이 2세의 방문을 환영하기 위해 지은 문이다. 왕위 계승 전 러시아의 여러 도시와 세계 곳곳을 돌아보는 로마노프 왕조 전통에 따라 다른 나라로 여행을 떠난 니콜라이 2세가 귀국 길에 방문한다는 소식을 듣고 배가 도착하는 부두와 멀지 않은 곳에 세워졌다. 보통 개선문이란 전쟁에서 승리한 황제와 장군을 기리기 위해 짓는 것인데, 당시 기록을 살펴보면 블라디보스토크 외에도 귀국 길에 그가 방문한 모든 도시에 그를 기원하는 개선문이 세워졌을 정도로 니콜라이 2세의 방문은 지역의 아주 중요한 사건으로 기록돼 있다. 화려하면서 중후함이 느껴지는 비잔틴 양식으로, 건물을 받치고 있는 네 개의 붉은 기둥 위로 아치형 건물이 있고 팔각형 피라미드 형태를 한 지붕에는 도금한 두 마리의 독수리가 있다. 건물의 네면 상

단에는 각기 다른 조각

이 있는데, 바다 방향은 러시아 수호 성인 세인트 니콜라스Saint Nicholas, 반대 방향은 1880년 시로 승격한 블라디보스토크를 기념해 만든 호랑이 심볼, 공원 방향은 블라디보스토크를 처음 발견한 1856년을 상징하는 심볼이다. 이 문을 지나면 행운과 행복을 준다 하여 러시아 신혼부부들이 손잡고 지나는 곳이니 사랑하는 사람과 함께라면 둘만의 추억을 만들어 보자. 야간에는 조명으로 다른 분위기를 자아낸다. 참고로 1891년 최초로 세워진 개선문은 왕조가 무너지면서 파괴됐다가 시베리아 횡단 열차의 건설을 적극적으로 추진했던 니콜라이 2세를 기리는 마음으로 2003년 지금의 모습으로 재건축 됐다.

러시아 해군의 수호성인을 섬기는 정교회 예배당　　　　　　　　♀ 43.113388, 131.892063

세인트 앤드류 예배당 Храм Часовня Андрея Первозванного
[흐람 치소브냐 안드레야 뻬르바즈반나바]

주소 ул. Петра Великого, 4r 위치 굼 백화점을 바라보고 오른쪽으로 380m 직진 후 삼거리에서 오른쪽 공원 계단으로 15m 시간 24시간

개선문 바로 옆에 있는 정교회 사원이다. 태평양 함대 전쟁 승리 60주년을 기념해 지어 러시

아 해군의 수호 성인 세인트 앤드류St. Andrew를 모시고 있다. 2005년 3층 높이로 지은 예배당은 러시아 정교회를 믿는 사람들이 출퇴근 길에 잠시 들러 서서 기도하는 곳이다. 실내는 러시아 정교회의 정신적 순례지인 아토스산Mount Athos에서 가져온 성인 앤드류St. Andrew의 유물과 전쟁에서 큰 공을 세운 병사들의 초상화가 걸려 있다. 실내가 좁아 기도하는 사람에게 방해가 될 수 있고 성스러운 종교시설인 만큼 내부 출입은 삼가자.

전쟁 영웅을 추모하기 위해 만들어진 상징물　　　　　　　　♀ 43.113321, 131.892050

영원의 불꽃 Вечный огонь [비치느이 아곤]

주소 ул. Петра Великого, 4r 위치 굼 백화점을 바라보고 오른쪽으로 380m 직진 후 삼거리에서 오른쪽 공원 계단으로 20m 시간 24시간

전쟁에 참전한 희생 전쟁 영웅을 추모하기 위한 상징물이다. 러시아 도시마다 있는 추모 공간으로, 이름처럼 꺼지지 않고 타오르는 불은 국가를 위해 희생한 사람들을 영원히 잊지 않겠음을 표현한 서약이기도 하다. 제2차 세계대전 당시 나치 독일과의 독소 전쟁에서 승리한 소련은 5월 9일을 전승 기념일로 삼았다. 매년 기념일에는 대대적인 추모 행렬과 행사가 열리고 영원의 불꽃 양옆 붉은 벽돌에는 독일과

의 4년간 전쟁을 시작한 해인 1941이 적혀 있음을 볼 수 있다. 영원의 불꽃에는 해군이 3인 1조로 24시간 경계 근무를 서는데 사진을 찍어도 문제되지 않으니 세인트 앤드류 예배당을 배경으로 기념사진을 담아 보자. 영원의 불꽃 뒤에는 전쟁에 참여한 러시아 군인을 기리기 위한 기념비와 벽화가 그려져 있다.

제2차 세계 대전 전설의 잠수함을 활용한 해군 박물관　　📍43.113285, 131.891148

잠수함 C-56 박물관 Мемориальная гвардейская подводная лодка C-56

[메모리알나야 그바르디스카야 빠드보드나야 로드카 - 삐디샽 쉐스트]

주소 ул. Корабельная Набережная, 9 위치 굼 백화점을 바라보고 오른쪽으로 380m 직진 후 삼거리에서 오른쪽 공원 계단으로 20m 시간 10:00~17:30 요금 100루블(성인), 50루블(청소년), 무료(7세 미만) 홈페이지 www.museumtof.ru 전화 423-221-64-92

제2차 세계 대전 당시 나치 독일을 상대했던 실제 잠수함을 개조해 활용한 박물관이다. 1936년 제작된 C-56은 강한 어뢰와 대포, 빠른 이동 속도와 자율성까지 갖춘 완성도 높은 잠수함으로, 1941년 해군으로 소속돼 8차례 군사 작전을 수행하면서 여러 대의 독일 군함을 침몰시켰다. 전쟁이 끝난 뒤에는 북부 함대에 소속돼 전 세계 바다를 누비며 정찰 업무를 수행하다 1964년부터는 훈련 잠수함으로 개편 후 전승 기념 30주년이 되는 해에 블라디보스토크 부두에 도착해 수리 및 개조 후 1982년 7월 25일 해군의 날 박물관으로 개관하게 됐다. 내부는 조타실과 무기실, 선실이 옛 모습 그대로 보존돼 있으며 빛바랜 사진과 군용 물품 등 C-56이 활약했던 당시의 기록물들이 전시돼 있다. 커다란 외관과는 달리 내부 공간은 생각보다 작으니 참고하자. 박물관 관람은 잠수함의 후반부인 선미를 통해 입장하고 좁은 통로를 지나 선체 앞 출구로 나오게 된다.

노벨 문학상을 수상한 알렉산드르 솔제니친 기념비

📍 43.112866, 131.890921

솔제니친 기념비 Памятник Солженицыну [빰야트닉 쏠쥐니최누]

주소 ul. Корабельная Набережная, 9 위치 굼 백화점을 바라보고 오른쪽으로 400m 후 오른쪽 해안 산책로
시간 24시간

노벨 문학상을 수상한 소설가 알렉산드르 솔제
니친의 동상이다. 수용소에서의 경험을 바탕으
로 구소련의 인권 탄압을 기록한 책《수용소 군
도》때문에 반역죄로 추방돼 20년간 미국에서
망명 생활 후 1994년 블라디보스토크항을 통
해 귀국한 그를 기념해 세워졌다. 청동 재질로
2.62m 높이로 만들어진 동상은 꿈에 그리던
고향 땅에 첫 발을 내딘 그의 모습을 형상화 하
고 있다.

구소련 태평양 함대의 첫 군함

📍 43.112844, 131.890649

군함 박물관 Мемориальный корабль Красный Вымпел
[메모리알느이 코라블 크라스느이 빔펠]

주소 ul. Корабельная Набережная, 9 위치 굼 백화점을 바라보고 오른쪽으로 400m 후 오른쪽 해안가에 정
박해 있는 군함 시간 10:00~19:00 휴관 월, 화요일, 11~3월 요금 50루블

태평양 함대의 군함을 수리해 활용한 박물관이
다. 1911년 핀란드에서 제작해 가져와 여객선
으로 사용하다 제1차 세계 대전 때 로마노프 왕
조의 군부에 종속돼 경비정으로 활약했다. 구소
련 시대에는 재탄생된 태평양 함대의 첫 번째 군
함으로 해저 케이블 설치, 무기 운송선 등 많은
임무를 수행했다. 이 군함은 다른 대형 군함에
비해 크기도 작고 특별히 볼거리는 없지만 러시
아 혁명부터 전쟁까지 지나온 역사적 산물이다.
1958년 블라디보스토크 선박 부두에 들어와 방
치돼 있다가 30년 만에 수리와 보수를 진행한 후
2014년 일반인에게 개방됐다. 박물관이라 하지
만 실제는 배에 올라 조타실 등 내부를 둘러보는
수준이다. 기온이 급격히 떨어지는 11월부터 이
듬해 3월까지는 휴관한다.

20대의 젊은 나이에 화형으로 생을 마감한 혁명군 지도자 ♀ 43.115025, 131.892968

세르게이 라조 기념 동상 Памятник герою гражданской войны Сергею Лазо

[빠마트닉 계로유 그라쥐난스크이 보이느이 세르게이 라조]

주소 ул. Петра Великого, 3 위치 굼 백화점을 바라보고 오른쪽으로 420m 후 왼쪽 공원 안 시간 24시간

러시아 혁명 후 사회민주노동당이 두 파로 분열됐을 때 레닌이 이끄는 볼셰비키(구소련 공산당의 별칭)를 지지한 혁명군 지도자 세르게이 라조Sergey Lazo의 기념 동상이다. 1917년에는 레닌 주도하에 민중이 중심이 되어 열린 10월 혁명 후 수도를 장악한 볼셰비키와 지방 여러 당파와의 내전이 시작됐는데 당시 극동 지방을 장악한 반反 볼셰비키 연합체와 일본군과 맞서 싸운 혁명군이자 지도자로 극동 지역 역사에서는 가장 유명한 인물로 조명받고 있다. 23세에 불과했던 그는 극동 지역 볼셰비키 정권 수립에 큰 영향력을 행사한 인물로, 1920년 일본군과 볼셰비키가 충돌한 니콜라스 사건 이후 급습한 일본 수비군에 의해 체포돼 기관차 화통에서 산 채로 태워 죽이는 화형으로 26세의 나이로 생을 마감했다. 현재 러시아 곳곳에는 그를 기억하기 위해 그의 이름을 붙인 마을과 도로가 여럿 있고, 그의 일생을 다룬 책과 영화가 다수 있다.

독재 체제를 비판하는 저항 가요를 부른 러시아 음유 시인   📍 43.115006, 131.893372

블라디미르 비소츠키 동상 Памятник Владимир Семёнович Высоцкий

[빠먀트닉 블라니미르 시묘나브이츠 브이쏘츠키]

주소 ул. Петра Великого, 3 위치 굼 백화점을 바라보고 오른쪽으로 420m 후 왼쪽 공원 세르게이 라조 기념
동상 오른쪽 계단 시간 24시간

소련의 독재 정권을 비판한 저항 가요를 부른 가수이자 배우인 블라디미르 비소츠키를 기념해 세운 동상이다. 모스크바 출신인 그는 모스크바 예술극단의 배우 학교를 졸업하고 극단에서 활동하면서 독재 정권을 비판하며 처절한 삶을 사는 인민들을 대변하는 음악을 만들어 불렀다. 짙은 음색에 가슴의 답답함을 토해내는 듯한 그의 목소리는 강압 속에 절규하지만 아무것도 할 수 없었던 인민들의 마음을 흔들었다. 독재 체제의 비판과 인민 삶의 분노를 담아낸 그의 노래는 구소련 정부 기관의 감시를 받아 단 한 장의 앨범도 나오지 못했지만 사람들 사이에서 전해져 주변 국가까지 널리 퍼지게 됐다. 대숙청을 통해 독재 정권을 확립한 스탈린 이후 개인의 자유와 정치적 발언을 봉쇄한 구소련의 독재 정권이 패망하는 데 큰 역할을 한 인물인 것이다. 배우로도 성공을 거두었지만 1980년 42세의 젊은 나이에 심장마비로 별세했다. 지금은 러시아를 대표하는 음유 시인이자 러시아인들의 가슴을 떨리게 한 음악인으로 기억되고 있다. 기타를 들고 있는 블라디미르 비소츠키 동상 주변으로는 그의 음악이 흐르고 있다. 앉아서 쉬어 갈 수 있는 의자도 있으니 잠시 들러 700여 곡의 저항 가요를 통해 소련의 독재 체제에 저항했던 그의 짙은 음성을 들어 보자. 참고로 국내에서는 영화 〈백야〉 주제곡으로도 사용됐고, 드라마 〈미생〉의 주제곡 중 장미여관이 부른 '로망'의 원곡 〈야생마, Koni Priveredlivye〉가 유명하다.

수하노프 가문이 살았던 옛집

수하노프 박물관(수하노프의 집) Дом Чиновника Суханова
[돔 취노브니카 수하나바]

📍 43.117243, 131.895063

주소 ул. Суханова, 9 위치 클로버 하우스를 바라보고 오른쪽 오르막길로 600m 직진 시간 10:00~19:00 요금 200루블(성인), 100루블(어린이) 홈페이지 www.arseniev.org/locations/vladivostok/officials-house 전화 423-243-28-54

블라디보스토크 역사에서 빼놓을 수 없는 수하노프 가문이 19세기 니콜라이 2세에게 하사 받아 거주했던 집이다. 수하노프 가문은 황제의 명으로 연해주 남우스리Ussuri 지역을 관리했다. 볼셰비키당(구소련 공산당)에 반대하던 아버지 알렉산더 수하노프Alexander Vasilyevich Sukhanov와 볼셰비키당을 지지하는 혁명가로 활동한 아들 수하노프가 대표적 인물이다. 1917년 10월 볼셰비키 혁명 이후 전국에는 볼셰비키를 반대하는 세력과의 내전이 계속됐는데, 당시 블라디보스토크에는 볼셰비키를 반대하던 세력이 장악하고 있었고, 비극적이게도 그의 아들 수하노프는 볼셰비키 선전을 계획하다 잡혀 죽임을 당하게 된다. 아들의 죽음과 두 세력 간의 혼란에 아버지 또한 죽임을 당하면서 수하노프 가문은 블라디보스토크를 떠

나게 됐지만 1922년 볼셰비키가 승리하면서 볼셰비키 혁명가로 활동한 아들의 업적이 인정돼 영웅 칭호를 받게 되면서 수하노프 가문은 블라디보스토크 역사에서 빠질 수 없는 중요한 인물이자 가문으로 조명받게 됐다. 블라디보스토크 시민들의 요구로 역사적 두 인물과 그의 가족들이 살았던 집은 1977년 박물관으로 재탄생했고, 19세기 러시아 목조 건물의 특징과 고위 관료의 생활상을 보여 주는 역사적인 건축물이자 혁명가 수하노프를 기리는 장소로 사용되고 있다. 박물관 내부 입장 시 비닐로 된 신발 커버를 신어야 하고, 영어 해설가가 상시 가이드를 진행한다. 도로 2분 거리에 있는 수하노프 공원에는 볼셰비키 혁명가로 활동한 아들 수하노프의 기념 동상이 있다.

24시간 영업하는 값싼 우즈베키스탄 음식점

📍 43.114369, 131.893565

캐피탈 Capital [캐피탈]

🍴

주소 ул. Светланская, 53 위치 굼 백화점을 바라보고 오른쪽으로 550m 시간 24시간 가격 60루블~(1인 예산) 전화 964-444-77-94

24시간 운영되는 우즈베키스탄 음식점이다. 러시아 음식과 비슷한듯 하지만 미묘한 차이가 있는 우즈베키스탄 요리로, 한국인 입맛에도 잘 맞는 음식이 주를 이룬다. 한 번쯤 맛봐야 할 우즈베키스탄 대표 요리는 고기가 가득 들어간 우즈베크 만두 만티(Манты(1개, 30루블),

고기를 넣고 볶은 윤기가 흐르는 볶음밥 오쉬 ПЛОВ(150루블)다. 샤슬릭은 기본이고 케밥도 맛있다. 우리에게 익숙한 푸드 코트처럼 원하는 메뉴를 선택해 계산 후 요리가 나오면 마음에 드는 테이블에 앉아 먹으면 된다.

패밀리 레스토랑 분위기의 피자집

📍 43.114885, 131.895011

컨트리 피자 COUNTRY PIZZA [칸트리 피짜]

🍴

주소 ул. Лазо, 66 위치 굼 백화점을 바라보고 오른쪽으로 600m 직진 후 삼거리에서 왼쪽 오르막길로 130m 시간 11:00~23:00 가격 335루블~(파스타), 345루블~(피자) 홈페이지 www.pizza-country.ru 전화 423-220-60-00

2017년에 오픈한 피자 전문점이다. 우수리스크Ussuriysk 지역에서 성공한 피자 체인점으로, 화로에서 구운 수십 종의 피자와 파스타 등 이탈리안 요리를 메인으로 한다. 우리나라에 있는 대형 프랜차이즈 피자 체인점과 유사하게

분위기도 편하고 종류도 많아 가족 단위, 커플에게 인기다. 피자는 24~40cm까지 4종류 크기 중 선택 가능하고 보르시, 케밥 등 러시아 음식도 있다.

250여 종 와인을 보유한 와인 비스트로 ♀ 43.115230, 131.895440

비스트로 넘버 8 BISTRO №8 [브이스트라 노몌르 보심]

주소 ул. Лазо, 8 위치 굼 백화점을 바라보고 오른쪽으로 600m 직진 후 삼거리에서 왼쪽 오르막길로 160m 시간 12:00~24:00(월~목), 12:00~다음 날 3:00(금), 15:00~다음 날 3:00(토), 15:00~24:00(일) 가격 190루블 ~(와인[잔]), 200루블~(안주류), 600루블~(와인[병]) 홈페이지 www.bistro8.ru 전화 423-292-98-80

주택가 골목 안쪽에 있는 분위기 좋은 와인 비스트로. 와인을 즐겨 마신다면 가 볼 만한 가게로 와인과 어울리는 각종 안줏거리와 약 250여 종의 전 세계 와인이 있다. 현지인들 사이에서

도 제법 평이 좋은 곳으로, 분위기 또한 작고 아담하니 괜찮다. 영어 소통이 어려운 곳이니 번역기 앱 준비는 필수다. 와인 종류가 너무 많아 고르기가 쉽지 않지만 와인을 좀 아는 직원들이 친절하게 도와주니 걱정 말자. 가격 대비 무난한 안주는 치즈 모둠인 이탈리얀스카야 따렐카Итальянская тарелка(650루블)와 얇은 러시아 소시지가 여러 장 플레이팅 되어 나오는 마스나야 따렐카Мясная тарелка(430루블)를 추천한다. 따뜻한 포도주에 향료와 설탕 등을 넣어 데운 러시아 타입의 포도주 글린트베인 глинтве́йн도 기회가 된다면 경험해 보자.

롯데 호텔(구 현대 호텔) 지하에 위치한 한국 음식점 ♀ 43.118186, 131.888729

해금강 Haekeumkang [하쿰캉]

주소 B1, ул. Семеновская, 29 위치 클로버 하우스를 바라보고 오른쪽 오르막길로 400m 직진 후 왼쪽 현대 호텔 건물 지하 1층 시간 12:00~22:00 가격 1,000루블~(1인 예산) 홈페이지 www.lottehotelvladivostok. com/restaurants/restoran-koreyskoy-kukhni-khekymgang/ 전화 423-240-73-10

1997년 개관한 블라디보스토크의 유일한 5성급 호텔인 롯데 호텔(구 현대 호텔) 지하에 있는 한국 음식점이다. 호텔에 있는 식당인 만큼 깔

끔한다. 한국 고급 식당처럼 생선구이가 함께 나오는 정식을 포함해 부대찌개, 불고기, 김치찌개 등 50여 종의 한식 메뉴를 판매한다. 블라디보스토크에 있는 한식당 중에서는 우리의 맛과 가장 가까운 곳이다. 가격대는 비싸지만 한국 음식이 그리울 때 한 끼 해결하기에는 좋다. 가성비 좋은 메뉴를 뽑자면 생선구이와 찌개가 함께 나오는 생선조림 정식(1,360루블), 장어구이(1,500루블)다. 한글로 된 메뉴판이 있지만 러시아 직원들은 한국어 의사 소통이 안 된다.

멕시코 음식을 전문으로 하는 식당 ♀ 43.118836, 131.890884

카페 부리토 Cafe Burritos [카페 부리따]

주소 ул. Фонтанная, 44 위치 클로버 하우스를 바라보고 오른쪽 오르막길로 500m 직진 후 수하노프 광장 사거리에서 왼쪽으로 170m 시간 10:00~22:00 가격 220루블~(부리토), 170루블(케사디아) 홈페이지 www. cafeburritos.ru 전화 423-201-26-21

멕시코 음식을 메인으로 하는 작고 아담한 패스트푸드 식당이다. 여행자보다는 현지인들이 가볍게 들르는 식당이다. 멕시코 음식인 부리토Burrito, 케사디아Quesadilla, 타코Taco 등 50여 가지의 메뉴가 있다. 소고기와 야채 그리고 샤워크림이 들어간 부리토 스가뱌디노이 이아바샤미Буррито с говядиной и овощами(240루블)와 돼지고기와 각종 야채가 들어간 케사디아 키싸딜리아 쏘쓰비니노이 그

릴Кесадилья со свининой гриль(270루블)이 인기 메뉴다. 서브 메뉴로는 토마토와 칠리를 넣고 만든 멕시코 대표 수프인 포졸레Позоле와 훈제 치즈가 녹아든 스튜 멕시칸스키 슬리보최느이 스깝쵸듬 스이람Мексиканский сливочный с копченым сыром(190루블)도 맛있다. 테이블이 많지 않아 식사 시간에는 약간의 대기가 필요하고 온라인 및 전화 주문과, 방문 포장도 가능하다.

가볍게 한잔하기 좋은 펍

세인츠 펍 Saints Pub [세인트 팝]

📍43.117939, 131.890308

주소 ул. Уборевича, 15 위치 클로버 하우스를 바라보고 오른쪽 오르막길로 500m 직진 후 현대 호텔 지나 왼쪽 시간 18:00~24:00(일~목), 18:00~새벽 4:00(금~토) 가격 150루블~(안주류), 250루블~(주류[잔]) 홈페이지 www.saintspub.ru 전화 423-299-60-90

현대 호텔 근처에 있는 펍이다. 20~30명 남짓 들어갈 수 있는 아담한 규모에, 나무 합판으로 된 벽면에 붉은 페인트를 칠하고 여러 개의 액자를 걸어 놔 단조로우면서도 심플한 내부가 인상적이다. 바 주변을 제외하고는 약간 어두운 감이 있어 마치 소련 시대 뒷골목 바에 있는 듯한 느낌을 받을 수 있다. 보드카와 위키스, 와인 등 전통 주류와 소규모 양조장에서 생산되는 다양한 수제 맥주가 있다. 맥주 종류는 매번 바뀌니 방문 시 추천 맥주를 물어보자. 개인적으로 바에 앉아 국민 보드카 러시안 스텐다드Russian Standard(190루블) 또는 시베리아 툰드라의 물로 만든 보드카 허스키Husky(130루블) 한잔 맛보길 강력 추천한다. 매일 18:00~20:00 해피 아워에는 전 주류 20% 할인이다.

야외 테라스도 있는 유럽풍 카페 겸 레스토랑

몰로코 앤 매드 MOLOKO&MĚD [몰라꼬 메드]

📍43.117505, 131.891582

🍴

주소 ул. Суханова, 6а 위치 클로버 하우스를 바라보고 오른쪽 오르막길로 650m 직진 후 수하노프 광장 맞은편 시간 10:00~24:00(일~목), 10:00~다음 날 1:00(금~토) 가격 130루블~(아메리카노), 430루블~(파스타), 390루블~(피자), 230루블~(브런치) 홈페이지 www.milknhoney.ru 전화 423-258-90-90

야외 테이블까지 운영하는 분위기 좋은 카페 겸 레스토랑이다. 현대 호텔 근처 수하노프 광장 맞은편에 유럽풍 파스텔 톤의 건물 1층에 있다. 커피와 차를 비롯해 피자, 파스타, 파니니 등 유럽 음식이 메인이며, 유럽풍 인테리어와 친절하고 편안한 서비스, 거기에 맛까지 좋아 현지인들 사이에서 꽤 유명하다. 신선한 재료가 듬뿍 들어가는 스페인 전체 요리인 타파스 FARMER'S TAPAS SET(580루블)와 크림소스와 버섯이 들어 간 피자PIZZA WITH MUSHROOMS IN CREAM SAUCE(480루블), 러시아 남부 캅카스 전통 요리인 양고기 파스타CHEBUREKS OF LAMB WITH SALSA SAUCE(380루블)를 추천한다. 브런치 메뉴로는 각종 재료가 들어가는 파니니(230루블~), 크림이나 초콜릿 등 원하는 소스를 추가해 곁들여 먹는 팬케이크(150루블, 소스 50루블) 등 종류도 다양하다. 식사가 아니어도 치즈 케이크, 푸딩 등 커피와 어울리는 디저트가 가득하니 한 번 방문해 보자. 가게 이름은 러시아어로 '우유와 꿀'이라는 뜻이다.

카페와 함께 운영되는 프랑스 유명 베이커리

미쉘 베이커리 Пекарня Мишеля [뻬카르냐 미셸랴]

주소 ул. Суханова, 6а 위치 클로버 하우스를 바라보고 오른쪽 오르막길로 700m 직진 후 수하노프 광장 맞은편 시간 8:00~22:30(일~목), 8:30~23:00(금~토) 가격 190루블~(케이크), 160루블(에클레어) 홈페이지 www.michelbakery.ru 전화 423-298-22-88

프랑스 의회에 파이를 공급하는 유명 프랑스 제과점 르 그르니에 아 팽Le Grenier a Pain 주인이자 프랑스 제빵업계의 유명인사인 미쉘 갈로예Michel Galloyer가 오픈한 베이커리다. 천연 재료를 사용하고 지역의 스토리를 더해 현지화 전

략으로 블라디보스토크에만 8개 매장이 있을 정도로 인기몰이 중이다. 미쉘 베이커리의 인기 메뉴는 나폴레옹 러시아 원정 실패 100주년 기념으로 만들었다는 속설이 붙은 나폴레옹 캐러멜 월넛 케이크Наполеон карамельно-ореховый(260루블)다. 생크림이 올라간 케이크류와 크림으로 속을 채운 길죽한 모양의 슈 페이스트리 에클레어(160루블)도 맛있다. 매일 신선한 베이커리를 고집하는 곳이기에 21시 이후에는 할인 행사가 시작되고 야외 테라스와 부모와 함께 오는 아이들을 위한 키즈 공간(2층)이 있는 본 매장 외에도 해안 공원 아이맥스IMAX 영화관 근처와 굼 백화점에도 매장이 있다.

국내 방송에 소개된 인기 시푸드 레스토랑

팔라우 피시 PALAU FISH [팔라우 피시]

주소 ул. Суханова, 1 위치 클로버 하우스를 바라보고 오른쪽 오르막길로 750m 직진 시간 11:00~24:00 가격 500루블~(1인 예산) 홈페이지 www.palaufish.com 전화 423-243-33-44

신선한 해산물을 다양한 요리로 맛볼 수 있는 시푸드 레스토랑이다. 국내 여행 프로그램에 소개돼 인기몰이 중이다. 구이부터 튀김, 회까지 많은 메뉴가 있다. 각종 해산물로 만든 러시아식 샐러드 러시안 샐러드 올리비어 위드 시푸드Russan Salad Olivier With Seafood(610루블)와 철갑상어 지느러미 요리인 샤스픽 솔Shark' Fin Soul(430루블)은 가게의 인기 메뉴다. 가수 테이가 방문해 맛있다며 환호한 제철 생선튀김 모음

인 로컬 피시 파티Local Fish Party(615루블)와 참치 단품 메뉴인 튜나 사시미Tuna Sashimi(330루블), 송어 단품 메뉴인 트라우트 사시미Trout Sashimi(370루블) 회도 맛있다. 해산물 요리 외에 육류를 사용한 아시아 요리와 간단히 맥주 한잔하며 즐길 수 있는 스낵 메뉴도 있다. 가격대는 현지 물가와 비교하면 높지만 한국과 비교하면 괜찮은 편이다. 이름처럼 알록달록한 생선 요리가 많다.

블라디보스토크 기차역부터 마약 등대로 알려진 토카렙스키 등대가 있는 서쪽 땅끝까지 이어지는 지역이다. 항구 도시인 블라디보스토크에서 루스키섬 다음으로 개발되지 않아 기차역 주변과 일부 주거 지역을 제외하고는 약간 한적한 분위기다. 시베리아 횡단 열차의 출발점인 블라디보스토크 기차역은 꼭 가봐야 할 인기 명소다. 블라디보스토크 시민들이 애용하는 토카렙스키 등대와 연해주 국립 미술관 등 러시아 문화를 이해하는 데 도움이 되는 명소도 있고 블라디보스토크 최대 규모의 마트인 삼베리와 북한 정부에서 운영하는 식당 평양관까지 들러 볼 만한 인기 상점도 여럿 있다.

교통편

기차역 주변은 시내와 가까워 도보로 이동이 가능하고 기차역을 중심으로 남부 지역은 많진 않지만 시내와 연결되는 버스가 상시 운행 중이다. 여행자들이 가장 많이 이용하는 버스는 클로버 하우스를 경유하는 60번, 62번으로 21루블이라는 저렴한 가격으로 남부 대부분의 목적지를 경유한다.

공항에서

🚕 **택시** 택시 부스를 이용하면 1,500루블, 막심을 이용하면 950~1,200루블 선이다. 택시는 3인까지 탑승 가능하고, 소요 시간은 약 50분이다.

🚌 **버스** 출국장 앞 버스 정류장에서 107번 버스(1인당 200루블, 짐 1개당 100루블) 타고 종착역인 블라디보스토크 기차역에서 내리면 된다. 소요 시간은 약 70분이다.

🚌 **기차** 시내와 공항을 연결하는 공항 철도가 운영 중이다. 하루에 5회만 운행해 이용률이 높진 않지만 저렴한 가격(230루블~)으로 1시간이면 이동할 수 있다.

동선 TIP

북에서 남으로 이어지는 길쭉한 형태인 만큼 동선을 짜는 데 크게 어렵지 않다. 최남단에 위치한 토카렙스키 등대 방문 시간대를 고려해 식당과 주요 명소를 돌아보는 일정으로 계획하자.

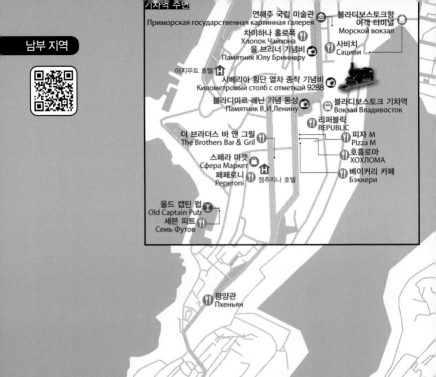

기차역 주변

남부 지역

연해주 국립 미술관
Приморская государственная картинная галерея

블라디보스토크항
여객 터미널
Морской вокзал

차이하나 홀로폰
Хлопок Чайхона

율 브리너 기념비
Памятник Юлу Бриннеру

사비치
Сациви

아지무트 호텔

시베리아 횡단 열차 종착 기념비
Километровый столб с отметкой 9288

블라디미르 레닌 기념 동상
Памятник В.И.Ленину

블라디보스토크 기차역
Вокзал Владивосток

리퍼블릭
REPUBLIC

더 브라더스 바 앤 그릴
The Brothers Bar & Gril

피자 M
Pizza M

호흘로마
ХОХЛОМА

스페라 마켓
Сфера Маркет

페페로니
Peperoni

젬추지나 호텔

베이커리 카페
Бэккери

올드 캡틴 펍
Old Captain Pub

세븐 피트
Семь Футов

평양관
Пхеньян

삼베리
Самбери

토카렙스키 등대
Токаревский маяк

남부 지역
BEST COURSE

알차게 하루 일정으로 돌아보는 코스
남부 주요 명소를 한번에

 숙소   택시 20분 + 도보 10분→   토카렙스키 등대   도보 30분→   삼베리(쇼핑)   60번 버스 3분→   평양관(점심)

 시베리아 횡단 열차 종착 기념비   ←도보 1분   블라디보스토크 기차역   ←60번 버스 5분

 도보 5분→   연해주 국립 미술관   도보 2분→   사비치   도보 5분→   중앙 광장 또는 아르바트 거리   숙소

시간이 멈춘 듯한 고풍스러운 미술관

📍 43.114329, 131.881952

연해주 국립 미술관 Приморская государственная картинная галерея

[쁘리모르스카야 가수다르스트빈나야 까르틴나야 갈레리야]

주소 ул. Алеутская, 12 위치 중앙 광장에서 혁명 전사 기념비를 바라보고 왼쪽 연해주 정부 청사 방향으로 260m 직진 후 사거리에서 왼쪽으로 250m 시간 11:00~19:00(4~10월), 10:00~18:00(11월~이듬해 3월) 휴관 매주 월요일 요금 무료~300루블(전시에 따라) 홈페이지 www.primgallery.com 전화 423-241-06-10

1966년 일반인에게 공개된 국립 미술관이다. 아르세니예프 향토 박물관에서 소장했던 미술 작품을 비롯해 러시아 전국 박물관에서 기증한 18~20세기 러시아 유명 작가의 작품부터 서유럽 예술 작품까지 약 250여 점이 보관 및 전시되고 있다. 1903년 아시아 은행 지점으로 사용하기 위해 지어진 아주 오래된 건물에 있으며, 시간이 멈춘 듯한 유럽풍의 편안한 실내 공간에 작품에 집중할 수 있도록 편안한 소파까지 배치돼 있다. 다른 미술관과는 달리 플래시만 사용하지 않으면 사진 촬영도 가능하다. 지하에는 코트 보관실이 있고 전시는 2층에서만 진행되며, 2층으로 올라가는 계단 중간에는 34년간 러시아를 통치한 학문과 예술을 발전시킨 독일 출신의 예카테리나 2세 여제 모형과 러시아 국기가 세워져 있다. 이곳 외에도 포크롭스키 성당 인근 분관에서는 현대 미술을 주제로 한 전시가 상시 열리고 입장료는 전시에 따라 무료부터 유료(최대 300루블)로 달라진다.

깔끔하고 맛 좋은 우즈베키스탄 레스토랑

📍 43.115120, 131.881279

차이하나 홀로폭 Хлопок Чайхона [흘라뽁 차이호나]

주소 ул. Алеутская, 17а 위치 중앙 광장에서 혁명 전사 기념비를 바라보고 왼쪽 지하도를 통해 대각선 방향으로 나와 블라디보스토크 기차역 방향으로 직진 후 버스 정류장 지나 건물로 이어지는 오른쪽 언덕길로 직진 후 언덕 위에서 오른쪽 골목 안쪽 시간 12:00~24:00(일~목), 12:00~다음 날 3:00(금~토) 가격 350루블~(샤슬릭), 360루블(필라프) 홈페이지 www.cafehlopok.ru 전화 423-241-69-69

우즈베키스탄 요리를 메인으로 하는 레스토랑이다. 우즈베키스탄 전통 요리인 영양 만점 볶음밥 오쉬(필라프)를 비롯해 그루지아 전통 음식인 힌깔리와 치즈를 넣고 반죽한 빵 하차푸리와 물담배 시샤 까지 있다. 수제 버거로 유명한 댑 버거를 운영하는 외식 기업에서 운영해 깔끔한 인테리어는 물론 서비스 또한 괜찮다. 한국어로 된 메뉴판까지 있어 이용 또한 편하다. 추천 요리는 우즈베키스탄 전통 요리인 윤기가 좌르르 흐르는 볶음밥 필라프(360루블)와 꼬챙이에 꿰어 구운 송아지 샤슬릭(520루블)이다. 거의 모든 음식이 괜찮지만 주문부터 음식이 나오기까지 30분 이상이 소요된다. 아시아인에게는 중국어 메뉴판을 주는 경우가 있으니 당황하지 말고 한국어 메뉴판을 요청하자. 포장도 가능하고 홈페이지에서 800루블 주문 시 무료 배달 서비스도 제공한다.

배우 율 브리너 생가와 기념 동상

📍 43.114174, 131.881517

율 브리너 기념비 Памятник Юлу Бриннеру [빠먀트닉 율루 브리니예루]

주소 ул. Алеутская, 15 위치 중앙 광장에서 혁명 전사 기념비를 바라보고 왼쪽에 있는 지하도를 통해 대각선 방향으로 나와 블라디보스토크 기차역 방향으로 직진 후 버스 정류장 지나 건물로 이어지는 오른쪽 언덕길로 150m 직진 시간 24시간

영화 〈왕과 나〉로 우리에게 친숙한 배우 율 브리너의 생가 앞에 세워진 기념 동상이다. 1920년 블라디보스토크에서 태어난 율 브리너는 부모님의 이혼으로 여러 국가를 떠돌다 스무 살이 되던 해 미국에 정착했다. 제2차 세계 대전이 한창이었던 당시 미국 육군에 입대해 심리전 부대로 전쟁에 참여했고 전쟁이 끝난 후에는 배우로 데뷔해 아카데미 최고 배우상까지 수상할 정도로 그의 연기력을 인정받았다. 블라디보스토크 태생 중 가장 유명한 인물로 시민들에 의해 기념 동상이 세워졌고 그를 기억하는 사람들이 방문해 그를 추모하는 공간으로 사용되고 있다. 그의 동상 위에 있는 노란색 건물은 그가 태어났던 생가로 지금은 사무실로 사용되고 있다.

하바롭스크 No.1 조지아 레스토랑

📍 43.113832, 131.882423

사비치 Сациви [싸츼비]

🍴

주소 пер. Ланинский, 3 위치 ❶ 중앙 광장에서 혁명 전사 기념비를 바라보고 연해주 정부 청사 방향으로 260m 직진 후 사거리에서 왼쪽으로 100m 걸어가 은행 건물이 있는 삼거리에서 왼쪽 골목으로 100m 직진 후 오른쪽 ❷ 중앙 광장에서 혁명 전사 기념비를 바라보고 연해주 정부 청사 방향으로 200m 직진 후 연해주 정부 청사 바로 옆 주차장 방향으로 100m 직진 시간 12:00~24:00(일~목), 12:00~다음 날 2:00(금~토) 가격 400루블~(1인 예산) 홈페이지 www.sacividv.ru 전화 423-268-55-55

조지아 음식을 전문으로 하는 레스토랑이다. 본점이 있는 하바롭스크Khabarovsk에서 최고의 맛집이라 불릴 만큼 유명한 식당으로, 유기농 재료를 사용한 맛 좋은 건강식을 선보인다. 조지아 전통 빵 하차푸리Khachapuri 가운데 버터와 치즈, 계란이 뒤섞여 나오는 아자리안 스타일 하차푸리Adjarian style khachapuri(350루블)와 조지아 향신료가 들어간 케밥Kebab(270루블)이 인기 메뉴다. 오븐 치킨과 비슷한 타파카 치킨Tapaka chicken(400루블), 말린 돼지고기에 감자와 토마토, 양파 등과 함께 나오는 오지후리Ojahuri(380루블)도 별미다. 약간은 외진 골목에 있음에도 분위기만큼은 블라디보스토크에서 베스트 5에 뽑힐 만큼 괜찮은 곳이다. 여행자보다 현지인들이 즐겨 찾는 인기 레스토랑이다. 미식 여행이 테마라면 여행자들에게 유명한 조지아 음식점 수프라와 비교해 보자. 규모가 크고 좌석도 많지만 금요일 디너 타임과 주말 런치 시간대 방문은 예약이 필수다.

시베리아 횡단 열차의 시작과 끝

블라디보스토크 기차역 Вокзал Владивосток [바크잘 블라디바스톡]

📍 43.111190, 131.881665

🔘

주소 ул. Алеутская, 2 위치 중앙 광장에서 연해주 정부 청사를 바라보고 왼쪽 구석 고가로 200m 시간 24시간 홈페이지 www.vladivostok.dzvr.ru 전화 800-775-00-00

러시아 모스크바의 야로슬라블역에서 블라디보스토크를 연결하는 총 길이 9,288km에 이르는 시베리아 횡단 철도역이다. 현재까지도 노선이 늘어나고 있으며, 단일 노선으로는 세계 최장 거리의 철도로 1891년 러시아 왕조 알렉산드르 3세에 의해 착공해 1916년 전 구간이 개통됐다. 지선을 제외한 중심 노선의 역만 850개에 달하는 러시아를 관통하는 철도로, 과거 스탈린이 연해주로 이주한 한인들을 중앙아시아로 강제 이주할 때 사용된 아픈 역사의 흔적이기도 하다. 르네상스 시대 스타일로 지어진 이국적인 외관과 심플하면서도 유럽풍 분위기가 느껴지는 실내 공간. 거기에 시베리아 횡단 열차의 출발점이라는 사실만으로도 한 번쯤 들러 볼 만하다. 간단한 짐 검사만 하면 내부는 물론 기차 플랫폼까지 내려가 볼 수 있고, 표구매는 온라인 사이트 또는 1층 대합실 오른쪽 안쪽에 있는 창구에서 예약 및 구매할 수 있다. 러시아 기차는 모스크바 시간을 사용해 역에 있는 거의 모든 시계는 블라디보스토크 시간보다 7시간 느리니 주의하자.

블라디보스토크 기차역 이용팁

기차역 부근에는 공항 철도역, 기차역, 페리 터미널까지 총 3개의 건물이 있다. 블라디보스토크 기차역은 레닌 동상 맞은편 버스 정류장 바로 앞에 있는 건물로, 입구에서 짐 검사 후 들어가면 바로 대합실이 나온다. 입구에서 대합실을 정면으로 좌우에는 각 통로가 있는데, 오른쪽에는 매점과 안쪽에는 매표 창구가 있고, 왼쪽 통로에는 기차 탑승 플랫폼으로 내려가는 계단으로 연결되며 기차 탑승자는 계단 아래로 내려가 육교를 이용해 탑승하고자 하는 플랫폼 번호로 이동하면 된다. 예약 및 탑승 시 여권 지참은 필수고, 시베리아 횡단 열차를 이용해 인근 도시나 모스크바로 갈 경우 인기 노선인 만큼 온라인(pass.rzd.ru/main-pass/public/en 사이트를 이용해 최소 출발 30일 전에는 구매하도록 하자. 온라인 구매 시 출력한 e-티켓은 기차 탑승권과 동일한 효능을 하니 출력 및 분실에 유의하자. 혹 실물 탑승권을 소장하고 싶거나 출력물을 챙기지 못했을 경우 매표 창구에서 여권과 e-티켓 번호를 알려주면 바로 현장 발권해 준다.

우수리스크Уссурийск행 통근 열차
블라디보스토크에서 기차로 약 2시간 거리에 있는 우수리스크행 열차는 시베리아 횡단 열차와 통근 열차로 나뉜다. 사전 예약을 했다면 시베리아 횡단 열차 이용이 가능하지만 예약을 하지 못해 표가 없을 경우에는 통근 열차를 이용해야 한다. 통근 열차를 이용하기 위해서는 당일 기차역에서 표를 구매 후 탑승해야 하며 이용하는 기차는 예제드네브나ежедневно다. 운행 시간은 매일 6시 45분(9시 5분 도착-종점), 11시(13시 18분 도착-경유), 17시 10분(19시 1분 도착-경유), 18시 9분(20시 32분 도착-종점)에 출발하며, 요금은 편도 200루블이다. 우수리스크에서 블라디보스토크로 돌아오는 기차는 7시 1분, 9시 40분, 10시 44분, 18시 5분이고, 출발 시간은 변동될 수 있으니 홈페이지(expresspk.ru/)를 통해 시간을 확인하고 일정을 계획하도록 하자.

주의
러시아 기차는 모스크바 시간을 사용한다. 때문에 티켓에는 여러 형태로 시간이 표기되는데, MCK(Moscow time)라 돼 있으면 모스크바 시간 기준으로 블라디보스토크 시간에서 7시간을 더한 시간에 출발한다는 것이다. 예를 들어 표에 블라디보스토크 12:00 출발로 적혀 있다면 실제 블라디보스토크 시간에서 7시간을 더한 19:00 출발을 의미한다. 혹 시간 옆에 UTC+10이 표기돼 있다면 블라디보스토크 시간을 의미하는 것이고 UTC+3은 모스크바 시간을 의미한다.

영화 〈태풍〉의 촬영지이자 한국행 페리 타는 곳　　　　　　📍43.111481, 131.883124

블라디보스토크항 여객 터미널 Морской вокзал [마르스코이 바크잘]

주소 ул. Нижнепортовая, 1 위치 중앙 광장에서 연해주 정부 청사를 바라보고 왼쪽 구석 고가로 190m 홈페이지 www.vlterminal.ru 전화 423-249-79-43

블라디보스토크 기차역 옆에 있는 국제 여객터미널이다. 2009년 출항을 시작한 러시아 블라디보스토크-한국 동해-일본 돗토리현 사카이미나토를 운항하는 DBS 크루즈 페리가 정박하는 곳이다. 한-러-일 노선 외에도 북한 나진행 페리가 운항한다. 페리를 이용해 블라디보스토크에 방문하는 여행객이 아닌 이상 가 볼 만한 명소는 아니지만 항구 도시인 블라디보스토크

의 전경을 보기에 괜찮고, 여객 터미널로 연결되는 다리 위에서 한국 영화 〈태풍〉의 주인공인 이정재와 장동건이 만나는 여행 속 배경지로 유명해 기념사진을 찍는 여행객들도 종종 보인다. 개인적으로 두 배우의 팬이고 근처에 왔다면 촬영 장소를 가 보는 것도 재미있는 추억이 될 것이다.

블라디보스토크를 대표하는 랜드마크　　　　　　📍43.112077, 131.881912

시베리아 횡단 열차 종착 기념비 Километровый столб с отметкой 9288

[킬라미뜨로브이 스톨 삿트멜코이 9288(데빌 뜨이시치 드베스챠 보심디샬 보심)]

주소 ул. Алеутская, 2 위치 중앙 광장에서 연해주 정부 청사를 바라보고 왼쪽 구석 고가로 190m 직진 후 여객터미널 앞 다리에서 오른쪽 계단으로 내려가면 바로 시간 24시간

단일 노선으로는 최장 거리인 시베리아 횡단 열차의 종착지를 기념하기 위해 세운 기념비다. 시베리아 횡단 열차는 러시아 수도 모스크바의 야로슬라블역과 블라디보스토크를 연결하는 운행 시간만 7박 8일 걸리는 대장정 노선으로, 지구 둘레의 4분의 1에 가까운 거리를 운행한다. 본 기념비는 야로슬라블역에서 블라

디보스토크까지 연결된 구간 9,288km를 표시해 놓은 것으로, 반대편 야로슬라블역에는 0km라 적힌 기념비가 세워져 있다. 기념비 앞에는 1941년부터 1945년까지 제2차 세계 대전 중 소련을 침략한 독일과 맞서 싸운 철도 노동자들을 기리기 위해 제작한 증기 기관차 EA-3306이 자리한다.

소비에트 사회주의 공화국의 아버지 레닌 기념 동상 ♀43,111550, 131,880071

블라디미르 레닌 기념 동상 Памятник В.И.Ленину [빠먀트닉 브이 이 리니누]

주소 ул. Морская 1-я, 1 위치 블라디보스토크 기차역 맞은편 공원 안 시간 24시간

사상가이자 볼셰비키의 지도자 블라디미르 레
닌Vladimir Il'ich Lenin (본명:블라디미르 일리치 울
리야노프, Vladimir Ilich Ulyanov) 동상이다. 지금
은 상트페테르부르크라 불리는 레닌그라드 지
역 노동자들에 의해 청동으로 제작 및 기증돼
1930년 11월 블라디보스토크 기차역에 세워
졌다. 오랜 시간 기차역에 위치하다 1970년 광
장 재건축과 레닌 탄생 100주년 기념일과 맞춰
녹지 공원으로 조성된 지금 위치로 옮겨졌다.
이곳 동상은 연설을 하고 있는 형태의 러시아
다른 지역의 레닌 동상과는 달리 러시아어로

'동방을 지배하라'는 뜻을 가진 블라디보스토
크 도시 이름의 어원처럼 동해를 향해 손가락
을 가리키며 무언가를 이야기하고 있다.

종류도 다양하고 값도 싼 대중 식당 ♀43,111301, 131,880197

리퍼블릭 REPUBLIC [리퍼브리카]

주소 ул. Верхнепортовая, 2г 위치 블라디보스토크 기차역 맞은편 공원 안 시간 9:00~23:00(월~일),
9:00~24:00(금~토) 가격 200루블~(1인 예산) 홈페이지 www.republicbeer.ru 전화 423-221-50-66

접시에 담긴 여러 음식 중 마음에 드는 것을 골
라 계산 후 테이블에서 먹는 스탈로바야 식당
이다. 스탈로바야는 서비스를 최소화 하여 가
격을 낮춘 러시아에서 흔히 볼 수 있는 대중 식
당으로, 러시아 전역에 정말 많은 이름으로 운
영되고 있다. 이 가게는 가격과 맛 그리고 분위
기가 좋은 극동 지역에 여러 개 지점을 운영하
는 꽤 인기 있는 식당이다. 러시아 전통 요리부

터 샐러드까지 음식 종
류만 약 100여 개다.
거기에 맥주와 와인,
보드카까지 판매해 다
양한 종류의 음식을 맛보기에 이 만한 곳이 없
다. 그릇에 담다 보면 레스토랑 못지않은 가격
이 나올 수 있으니 주의하자. 비즈니스 타임(평
일 12~16시)에는 할인 행사가 진행한다.

고급 레스토랑 분위기의 피자 전문점

피자 M Pizza M [피챠 엠]

주소 ул. Посьетская, 20 **위치 ①** 블라디보스토크 기차역 맞은편 레닌 동상 옆 계단으로 올라와 왼쪽으로 150m **②** 프리모리에 호텔(Primorye Hotel) 1층 **시간** 24시간 **가격** 260루블~(피자) **홈페이지** www.pizzam. ru **전화** 423-241-34-30

레스토랑 분위기의 깔끔한 이탈리아 요리 전문점이다. 메인 메뉴는 14종 피자 외에도 스테이크, 파스타 등 각종 유럽풍 음식을 판매한다. 가게 이름에서도 알 수 있듯이 인기 메뉴는 당연 피자다. 페퍼로니, 치즈 피자 등 전통 피자부터 치즈 위에 신선한 연어가 올라간 연어 피자 피쨔 스숌가이인Пицца с сёмгой(260루블~), 게살과 오징어가 토핑으로 들어간 해산물 피자 마례쁘라둑타미Сморепродуктами(520루블) 까지 별미 피자가 가득하다. 정말 특별하다 싶을 정도의 맛은 아니지만 분위기만큼은 블라디보스토크 피자 집 중에서 괜찮은 편이라 가족 단위, 연인들에게 인기다. 생일날 방문하면 여

권 지참 시 10% 할인을 받을 수 있다. 온라인 주문 및 호텔 배달도 가능하다.

한국식 베이커리를 선보이는 카페

베이커리 카페 Бэккери [벨케리]

주소 ул. Посьетская, 20 **위치 ①** 블라디보스토크 기차역 맞은편 레닌 동상 옆 계단으로 올라와 왼쪽으로 155m **②** 프리모리에 호텔(Primorye Hotel) 1층 **시간** 8:00~20:00(월~금), 10:00~20:00(토~일) **가격** 20루블~(빵) **전화** 423-243-34-11

피자 M에서 운영하는 프리모리에 호텔 Primorye Hotel 1층에 위치한 베이커리 겸 카페다. 매일 아침 구워 내는 빵과 페이스트리, 쿠키와 케이크까지 약 50여 종의 베이커리를 선보인다. 작고 아담한 규모의 카페로 심플한 인테리어로 정돈된 매장을 보고 있으면 약간의 익숙함이 드는데, 우리나라에서 최근 유행하

고 있는 골목 빵집을 테마로 잡아서 그렇다고 한다. 수석 제빵사의 경우 한국에서 교육을 받는 것은 물론 재료도 모두 한국에서 공수해 사용한다는 나름 자부심 있는 곳이다. 가격도 합리적이고 맛도 괜찮으니 조식 빵이 필요하거나 지나가는 길에 달달한 것이 생각난다면 고민 말고 들러보자.

한적한 주택가에 위치한 카페 겸 레스토랑

호흘로마 ХОХЛОМА [호흘로마]

📍43.110298, 131.878988

주소 ул. Посьетская, 20 위치 ❶ 블라디보스토크 기차역 맞은편 레닌 동상 옆 계단으로 올라와 왼쪽으로
155m ❷ 프리모리에 호텔(Primorye Hotel) 1층 시간 10:00~24:00(월~목), 10:00~다음 날 2:00(금),
11:00~24:00(토~일) 가격 90루블~(커피), 500루블~(식사 1인 예산) 전화 423-272-71-51

2016년 프리모리에 호텔Primorye Hotel 1층
에 문을 연 카페 겸 레스토랑이다. 아이를 동
반한 가족 단위 방문객을 위한 놀이방과 빔프
로젝터가 설치된 모임룸까지 있는 제법 큰 규
모의 카페. 커피를 포함한 각종 차와 케이
크, 스테이크와 파스타 등 이탈리아 음식을 메
인으로 한다. 추천 메뉴는 닭고기를 넣은 시

저 드레싱 샐러드인 쩨자르 샐러드Цезарь с
курицей(350루블)와 오믈렛омлéт(280루블)이
다. 주말을 제외하고는 다소 한적한 분위기고
평일12:00~16:00에는 오늘의 수프와 샐러
드, 메인 식사가 포함된 비즈니스 런치(550루
블)가 맛은 물론 가성비도 괜찮다.

📍43.109909, 131.877203

야외 테라스까지 갖춘 분위기 좋은 레스토랑

더 브라더스 바 앤 그릴 The BROTHERS BAR & GRIL [브라제르스 바르 그릴]

주소 ул. Бестужева, 32 위치 ❶ 블라디보스토크 기차역 맞은편 레닌 동상 뒤 계단으로 올라와 왼쪽으로
150m 직진 후 프리모리에 호텔 지나 삼거리에서 오른쪽으로 160m 직진한 다음 사거리에서 왼쪽으로 50m ❷
젬추지나 호텔(Zemchuzhina Hotel) 맞은편 시간 10:00~24:00(월~목), 10:00~다음 날 2:00(금), 11:00~
다음 날 2:00(토), 11:00~24:00(일) 가격 500루블~(1인 예산) 전화 423-257-70-70

신선한 해산물과 그릴 요리를 전문으로 하는
레스토랑이다. 붉은 벽돌로 만들어진 유럽의
양조장 같은 건물에 야외 테라스(여름에만 개
장)까지 겸비한 분위기 좋은 곳이다. 신선한 해

산물로 만든 시푸드와 스테이크, 바비큐 등 다
양한 종류의 그릴 요리를 선보인다. 무엇보다
이 집의 매력은 가성비다. 분위기로 따지면 중
앙 광장 근처 고급 레스토랑 못지않음에도 가
격대가 매우 합리적이고 맛 또한 괜찮다. 해산
물 요리는 기본, 양갈비 램 립 로스트Lamb rib
roast(820루블), 치킨Chicken(460루블)을 추천
한다. 간단히 맥주나 와인을 즐기고 싶다면 화
덕에서 구워 나오는 이탈리아 전통 빵인 포카
치아Focaccia(90루블)+6종 치즈가 나오는 치
즈 플래터Cheese platter(590루블) 조합을 추천
한다. 간단한 메뉴로 피자(350루블~)와 수제 버
거(490루블~)도 있다. 테이블에 세팅돼 있는 물
은 유료니 참고하자.

생맥주를 판매하는 24시 마트

스페라 마켓 Сфера Маркет [스뻬라 마르켓]

📍 43.110424, 131.876405

주소 ул. Бестужева, 31 위치 블라디보스토크 기차 역 맞은편 레닌 동상 뒤 계단으로 올라와 왼쪽으로 150m 직진 후 프리모리에 호텔 지나 삼거리에서 오른쪽으로 200m 시간 24시간 홈페이지 www.sferamarket.ru 전화 423-241-38-65

한국인 여행자에게 인기 호텔인 젬추지나 호텔 바로 뒤에 있는 24시 마트다. 블라디보스토크의 인기 마트인 클로버 하우스 지하 마트보다 규모도 작고 가격적인 매력도 없지만 이곳에서 판매하는 생맥주가 국내 방송 프로그램에 소개되면서 최근 방문하는 사람이 늘고 있다. 가장 인기 품목은 주문과 동시에 페트병에 담아 주는 생맥주다. 러시아에서 수제 맥주 펍으로도 생겨 난 인기 맥주인 켈러스Kellers를 포함해 총 6종류의 수제 맥주(1병에 42~190루블)를 판매한다. 호불호가 갈리는 다른 맥주보다는 인기 몰이 중인 켈러스Kellers를 추천한다. 마트 내 가격대는 할인 행사가 없는 이상 클로버 하우스와 비슷하거나 약간 비싸다.

아이와 함께 가기 좋은 이탈리안 레스토랑

페페로니 Peperoni [페페로니]

📍 43.109684, 131.875693

주소 ул. Станюковича, 12 위치 블라디보스토크 기차역 맞은편 레닌 동상 뒤 계단으로 올라와 왼쪽으로 150m 직진 후 프리모리에 호텔 지나 삼거리에서 오른쪽으로 200m 직진한 다음 삼거리에서 왼쪽으로 100m 시간 11:00~23:00 가격 500루블~(1인 예산) 홈페이지 www.peperoni-vl.ru 전화 423-252-01-84

아파트 건물 1층에 위치한 식당이다. 여행자보다는 가족 단위 현지인들이 즐겨 찾는 곳이다. 다소 허름해 보이는 아파트 외관과는 달리 깔끔하고 심플한 인테리어가 인상적이다. 이곳의 메인 메뉴는 피자와 파스타다. 특히 소스부터 도우까지 수제로 만든 피자는 기대 이상으로 맛있다. 직원들이 친절하고, 생일 잔치나 핼러윈 파티 등 아이들을 대상으로 하는 행사가 자주 열리며, 키즈 메뉴를 비롯해 놀이방까지 있어 아이와 함께 가기 아주 좋다. 여름에는 가게 앞 야외 테라스도 운영한다. 기차역에서는 제법 거리가 있고 가는 길이 약간 외지니 게트Gett나 막심Maxim 택시를 이용하자.

제독 휴식 공간을 테마로 한 레스토랑

◉ 43.108399, 131.873292

세븐 피트 Семь Футов [셈 뿌토브]

주소 ул. Лейтенанта Шмидта, 17a 위치 블라디보스토크 기차역 맞은편 레닌 동상 뒤 계단으로 올라와 왼쪽으로 150m 직진 후 프리모리에 호텔 지나 삼거리에서 오른쪽으로 550m 시간 12:00~다음 날 1:00 가격 600루블~(1인 예산) 홈페이지 www.sevenfeets.ru 전화 423-298-88-88

고급 요트가 정박해 있는 마리나 바로 옆에 있는 레스토랑이다. 매년 5월 국제보트쇼가 열리는 요트 클럽 내 고급 레스토랑으로, 내부는 러시아 해군 함대 사령관인 제독의 휴식 공간을 테마로 배 선체를 표현해 놓았다. 여름에만 오픈하는 2층 테라스는 바다 풍경을 보며 근사한 식사를 할 수 있는 공간이 마련돼 있다. 1층 무대에서는 라이브 공연을 비롯해 이벤트 행사가 상시 열린다. 신선한 해산물이 들어간 스파게티 위드 시푸드 spaghetti with seafood(500루블)와 100g에 250루블부터 시작되는 스테이크 Steak를 추천한다. 메인 요리 되에도 브루우니 Брауни(350루블), 프라하 케이크 Прага 등 디저트류는 가격도 무난하고 맛도 괜찮다. 레스토랑 바로 옆 마리나에서는 러시아 요트 클럽인 세븐 피트 요트 클럽 Seven Feet Yacht Club에서 주최하거나 진행하는 세일링 경기가 상시 열려 또 하나의 볼거리를 제공한다.

프리미엄 수제 맥주를 판매하는 미국식 펍

◉ 43.108020, 131.872940

올드 캡틴 펍 Old Captain Pub [올드 캅테인 팝]

주소 ул. Лейтенанта Шмидта, 17a 위치 블라디보스토크 기차역 맞은편 레닌 동상 뒤 계단으로 올라와 왼쪽으로 150m 직진 후 프리모리에 호텔 지나 삼거리에서 오른쪽으로 550m 시간 12:00~다음 날 1:00(일~목), 12:00~다음 날 3:00(금~토) 가격 400루블~(파스타), 70루블~(맥주) 홈페이지 www.oldcaptainpub.ru 전화 423-277-10-77

세븐 피트 레스토랑 1층에 있는 펍이다. 천연목재를 사용해 만든 크루즈풍 인테리어와 라이브 공연 무대. 거기에 스포츠 경기를 관람할 수 있는 대형 스크린까지 마련돼 있다. 이 가게만의 매력 포인트는 양조장에서 만든 신선한 수제 맥주인데, 벨기에 인기 맥주인 몰 쉬비트 Mort Subite, 굴이 첨가된 영국의 유명 흑맥주 오이스터 스타우드 Oyster Stout, 체코의 전통 다크 맥주 리토벨 Litovel까지 총 5개국 12종의 프리미엄 수제 맥주를 판매한다. 시내와 제법 떨어져 있어 접근성이 좋지 않지만 편안한 분위기에 맥주 한잔할 수 있는 곳이다. 가족 단위 여행객이나 6명 이상 단체가 함께할 수 있는 공간을 찾는다면 강력 추천한다. 세일링 경기가 열리거나 특정 기간에는 1+1 등 각종 할인 행사도 상시 진행되고, 금요일과 토요일 21시에는 라이브 밴드 공연도 열린다.

평양 냉면을 맛볼 수 있는 북한 식당

평양관 Пхеньян [펜얀]

📍 43.099431, 131.863424

주소 ул. Верхнепортовая, 68в 위치 클로버 하우스 앞 버스 정류장에서 60번 버스(21루블) 타고 6정거장 후 카잔스키 흐람(Казанский храм) 정류장 하차 후 버스가 온 방향으로 도보 50m 시간 10:00~24:00 가격 500 루블~(1인 예산) 전화 423-296-44-58

북한 정부에서 공식 운영하는 식당이다. 중국 여러 지역에서도 운영하는 북한 음식을 전문으로 한다. 우리에게 유명한 전통 평양 냉면을 비롯해 다양한 종류의 북한 음식을 맛볼 수 있다. 우리의 음식과 비교하면 간이 약해 호불호가 갈린다. 하지만 이름만 들었던 북한 음식을 먹을 수 있어 현지인들은 물론 한국인 여행자들이 한 번쯤 방문하곤 한다. 인기 메뉴는 메밀가루를 익반죽해 만든 평양 지방 향토 음식인 평양 냉면(450루블)과 우리의 입맛에도 잘 맞는 평양 쟁반 국수(490루블)다. 이 외에도 평양 소주(750루블)와 광어찜(680루블) 등 북한 요리사

가 조리하는 북한 음식이 가득하다. 맛으로 평가하긴 애매하지만 한국어도 통하고 무엇보다 국내에서는 맛볼 수 없는 전통 북한 요리를 맛볼 수 있어 북한 음식이 궁금하다면 방문해 보자. 북한 정부가 운영하는 곳인 만큼 정치적 발언과 논쟁은 피하자.

극동 지역 여러 곳에 체인점을 둔 대형 마트

삼베리 Самбери [쌈베리]

📍 43.089220, 131.860396

주소 ул. Крыгина, 23 위치 클로버 하우스 앞 버스 정류장에서 60번, 62번 버스(21루블) 타고 9정거장 후 울리짜 얄띤스카야(ул. Ялтинская) 정류장 하차 후 바로 연결 시간 8:00~23:00 홈페이지 www.samberi.com 전화 423-260-57-00

블라디보스토크에서 가장 큰 규모의 대형 할인 매장이다. 1994년 하바롭스크에서 물류 창고로 시작해 지금은 극동 지방 전 지역에 약 25개 매장을 운영하고 있는 대형 마트 그룹이다. 의류 할인 매장부터 가전, 전자 제품, 식재료 마트까지 여러 매장이 있고 저렴한 가격에 품질도 좋아 현지인은 물론 블라디보스토크에 거주하는 외국인들도 즐겨 찾는다. 여행자들 사이에서 쇼핑 명

소로 유명한 클로버 하우스 지하 마트와 비교하면 더 많은 물건과 가격적인 매력도 있는 곳이다. 해산물도 저렴해 음식 조리가 가능한 곳에 머무는 여행자라면 하루쯤 들러 각종 해산물을 맛보길 추천한다. 평일 저녁 및 주말에 상시 할인이 열리니 토카렙스키 등대Токаревский маяк에 간다면 그 길 중간에 있으니 한번쯤 들러 보자.

마약 등대 & 에게르셀드 등대로 불리는 땅끝 등대　　　　　　　♀ 43.073072, 131.843193

토카렙스키 등대　Токаревский маяк [토카레브스키 마야크]

주소 ул. Токаревский Маяк 위치 ❶ 클로버 하우스 앞 버스 정류장에서 마야크(маяк)라 적힌 60번, 62번 버스(21루블) 타고 11정거장 후 마야크(маяк) 정류장 하차 후 버스가 온 방향으로 2.1km 직진 ❷ 블라디보스토크 시내에서 택시 이용(200루블 선, 20분 소요)

블라디보스토크 서쪽 땅끝에 설치된 등대다. 러시아어로 '등대'를 뜻하는 단어 'маяк[마야크]'의 발음이 '마약'과 비슷해 국내에서는 '마약 등대'라고 불린다. 러시아에서는 과거 미개척지였던 표트르 대제만을 탐험한 구스타프 에게르셀드Gustav Egersheld의 이름을 따 '에게르셀드 등대'라 부른다. 밀물 때는 물이 20cm 정도 차올라 보이지 않지만 썰물 때는 길이 훤히 드러난다. 조수간만의 차를 경험할 수 있는 곳으로서 지금은 블라디보스토크의 랜드마크이자 여름이면 해수욕을 즐기려는 시민들의 휴식터, 겨울에는 물개를 관찰할 수 있는 명소의 역할을 하고 있다. 등대 방문을 계획한다면 최소 출발 전날 온라인으로www.tide-forecast.com/locations/Vladivostok/tides/latest 밀물, 썰물 시간을 확인하자. 버스 이용하면 도보로

약 20분 정도 걸어야 하니 택시(약 500~550루블)를 추천한다. 겨울에는 찾는 사람이 많지 않아 약간 썰렁하고 외진 감이 있으니 혼자 방문하는 여행객이라면 만약을 대비해 이른 아침이나 해질 무렵은 피해서 계획하자.

시내에서 자동차로 멀게는 1시간, 짧게는 15분 정도 가면 볼 수 있는 명소들을 구분한 지역이다. 시내를 기준으로 북쪽은 우리나라 선조들의 흔적을 발견할 수 있는 신한촌 기념비가 있고, 동쪽은 금각교를 기준으로 블라디보스토크 시내를 한눈에 조망할 수 있는 독수리 전망대와 상트페테르부르크 최고의 극장인 마린스키 극장 극동 지부를 만날 수 있다. 그보다 더 남쪽은 루스키 대교를 건너 자연 환경이 잘 보존된 루스키섬과 극동 지방 명문대인 극동 연방 대학교가 있다.

교통편

대부분 시내와 떨어져 있기 때문에 버스나 택시로 이동해야 한다. 버스로 목적지까지 찾아가는 것이 어렵다고 생각하기 쉽지만 구글 맵으로 목적지 검색과 출발지 선택만 잘하면 우리나라에서 사용하는 네이버 지도와 다를 바 없으니 과감하게 도전해 보자.

신한촌 주변 아르바트 거리에서 도보 10분 정도면 이동 가능하다. 아쉽게도 버스 노선은 많지 않아 도보 또는 택시로 이동해야 한다.

금각교 주변 중앙 광장에서 도보 15분 정도 걸린다. 독수리 전망대는 중앙 광장 앞 버스 정류장에서 68번 버스를 이용하면 되고, 마린스키 극장은 중앙 광장 앞 버스 정류장에서 62번, 55번, 13d번 버스가 인근까지 운행한다.

루스키섬 블라디보스토크 시내에 있는 이줌루드 플라자 앞 버스 정류장에서 15번 버스를 이용하면 된다.

동선 TIP

하루에 시내 외곽을 전부 돌아보는 것은 효율성이 떨어지고 자칫하면 이동만 하다 하루가 끝나는 경우가 생기니 외곽 지역 한 곳 + 시내 지역으로 하루 일정을 짜는 것이 좋다. 또한 신한촌 기념비는 북쪽에 있기 때문에 해양 공원, 중앙 광장 부근 일정에 함께 넣는 것도 좋고, 동남쪽 명소들은 중앙 광장이나 기차역 부근 일정에 방문하는 것을 추천한다.

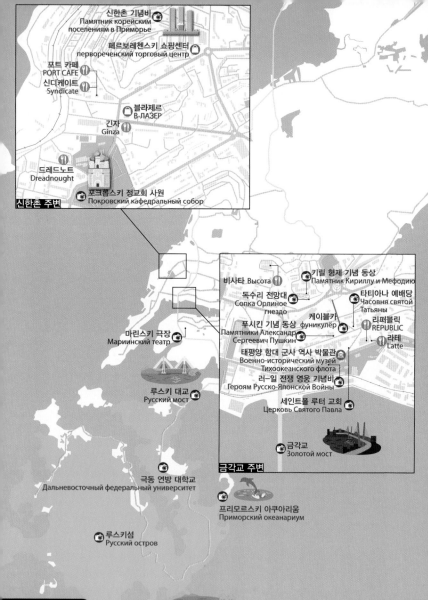

신한촌 기념비
Памятник корейским
поселениям в Приморье

페르보레첸스키 쇼핑센터
первореченский торговый центр

포트 카페
PORT CAFE

신디케이트
Syndicate

블라제르
B-ЛАЗЕР

긴자
Ginza

드레드노트
Dreadnought

포크롭스키 정교회 사원
Покровский кафедральный собор

신한촌 주변

비사타 Высота

독수리 전망대
Сопка Орлиное
гнездо

푸시킨 기념 동상
Памятники Александру
Сергеевич Пушкин

태평양 함대 군사 역사 박물관
Военно-исторический музей
Тихоокеанского флота

러-일 전쟁 영웅 기념비
Героям Русско-Японской Войны

세인트폴 루터 교회
Церковь Святого Павла

키릴 형제 기념 동상
Памятник Кириллу и Мефодию

타티아나 예배당
Часовня святой
Татьяны

케이블카
фуникулёр

리퍼블릭
REPUBLIC

라테
Latte

금각교
Золотой мост

금각교 주변

마린스키 극장
Мариинский театр

루스키 대교
Русский мост

극동 연방 대학교
Дальневосточный федеральный университет

프리모르스키 아쿠아리움
Приморский океанариум

루스키섬
Русский остров

시내 외곽

토비지나 곶(북한섬)
Мыс Тобизина

시내 외곽
BEST COURSE

하루 일정으로 알차게 돌아보는 외곽 코스
이른 새벽부터 늦은 저녁까지 한번에

숙소 — 택시 → 독수리 전망대 (일출) — 도보 1분 → 키릴 형제 기념 동상 — 도보 5분 → 케이블카 上정류장 — 케이블카 1분 → 케이블카 下정류장 — 도보 1분 →

← 도보 5분 — 페르보레첸스키 쇼핑센터 — 54a 버스 15분 → 태평양 함대 군사 역사 박물관 — 도보 3분 → 라테(식사) — 도보 5분 → 푸시킨 기념 동상

신한촌 기념비 — 도보 15분+7т버스 5분 → 포크롭스키 정교회 사원 — 도보 10분 → 포트 카페 — 택시 15분 → 마린스키 극장 (공연 관람) — 택시 → 숙소

자연 트레킹으로 즐기는 힐링 코스
천혜 자연의 루스키섬 즐기기

숙소 — 택시 50분 → 토비지나 곶 (일출) — 트레킹 2시간 → 버스 정류장 — 버스 10분 → 극동 연방 대학교 — 도보 3분 → 구내식당 (점심) — 도보 5분 →

숙소 — 시내 레스토랑 (저녁 식사) ← 택시 50분 — 프리모르스키 아쿠아리움 ← 버스 10분 — 극동 연방 대학교 캠퍼스 ← 셔틀버스 or 자전거 대여 or 도보 — 해안가 산책로

100년 이상의 역사를 가진 정교회 사원

📍 43.124588, 131.889302

포크롭스키 정교회 사원

Покровский кафедральный собор [빠크로브스키 카페드랄느이 싸보르]

주소 проспект Океанский, 44 위치 ❶ 중앙 광장 맞은편 버스 정류장에서 54a, 7т 버스(23루블) 타고 3정거장 후 빠크로브스키 빠르크(Покровский парк) 정류장 하차 ❷ 중앙 광장에서 동상 뒤 아케안스키 쁘라스뺄트(Океанский проспект) 도로로 도보 15분(1.1km) 시간 8:00~19:00 홈페이지 www.pokrovadv.ru 전화 746-902

신한촌 근처에 있는 러시아 정교회 사원이다. 1902년에 완공한 100년이 넘은 역사를 가진 러시아 국교인 정교회 사원으로, 1935년 종교를 탄압하고 배척한 소련 정부에 의해 파괴됐다가 2007년 지금의 모습으로 재건했다. 블라디보스토크에서는 가장 큰 규모의 사원으로, 금빛 치장된 화려한 내부와 사원 뒤로 공원이 조성돼 있어 많은 시민이 찾는다. 매일 평일 오전 8시 30분에는 전례, 일요일에는 새벽과 오전, 저녁에 예배를 드린다. 종교 사원인 만큼 예의는 기본이고, 사원 내부는 출입이 가능하지만 상시 기도를 위해 찾아오는 사람들이 많으니 사진 촬영은 삼가자.

전통 일본 요리를 맛볼 수 있는 이자카야

긴자 Ginza [긴자]

43.128632, 131.892969

주소 проспект Океанский, 50 위치 ❶ 중앙 광장 맞은편 버스 정류장에서 54a, 7т 버스(23루블) 타고 4정 거장 후 블라제르 마켓 앞 달쁘레스(Дальпресс) 정류장 하차 후 버스가 온 방향 사거리에서 왼쪽 건물 1층 ❷ 중앙 광장에서 동상 뒤 아케안스키 쁘라스뻭트(Океанский проспект) 도로로 도보 23분(1.7km) 시간 12:00~24:00 가격 400루블~(1인 예산) 홈페이지 www.ginza.one 전화 423-209-17-77

가게 외관부터 음식 맛까지 일본 본토 느낌의 이자카야다. 2016년 말에 오픈한 깔끔한 일식 당으로, 편안한 다다미방과 일본인 주방장이 선보이는 전통 일식 약 40여 종 그리고 일본 위스키부터 보드카까지 다양한 주류가 있다. 인기 메뉴는 사시미(600루블~), 튀김류(360루블)와 요일마다 달라지는 가성비 좋은 런치 도시락(400루블)이다. 면을 좋아한다면 새우튀김 우동(490루블), 미소라멘(600루블)을 추천한다. 현지식도 아니고 굳이 찾아갈 만한 특별한 음식은 아니지만 우리의 입맛에도 익숙한 만큼 러시아 음식이 입에 맞지 않은 여행자라면 한 번쯤 들러 보자.

동양적인 현지 해산물 전문 레스토랑

드레드노트 Dreadnought [드레드노트]

주소 Avrorovskaya 10, Dreadnought Business Centre 위치 드레드노트 비즈니스 센터 1층 시간 9:00~23:00 가격 650루블(게살 스파게티), 1,400루블(고기 스튜) 홈페이지 www.instagram.com/dreadnought_vl/?hl=ko 전화 914-706-33-31

멋지고 아늑하면서도 품위 있는 분위기의 파인 다이닝이다. 셰프가 직접 손질한 현지 해산물과 맛있는 유러피안 요리를 즐길 수 있으며 엄선된 와인리스트가 준비돼 있다. 또한 정통 영국식 애프터눈 티도 제공하고 있으니 추위를 피해 잠깐 들러 티타임을 즐겨 보자.

접근성 좋은 대형 마트

블라제르 B-ЛАЗЕР [브이라제르]

📍 43.129449, 131.893093

주소 проспект Океанский, 50A 위치 중앙 광장 맞은편 버스 정류장에서 54a, 7т 버스(23루블) 타고 4정거장 후 블라제르 마켓 앞 달쁘레스(Дальпресс) 정류장 하차 시간 9:00~18:00 홈페이지 www.shop.v-lazer.com 전화 423-221-80-20

1991년 설립해 지금은 극동 지역 최대 규모의 대형 유통 업체로, 주력 상품인 전자 제품을 비롯해 식재료, 의류, 주류 등 다양한 제품을 판매한다. 여행자들에게 쇼핑 명소로 알려진 클로버 하우스 지하 마트와 비교하면 가격대가 조금은 저렴하다. 시내에서 조금 거리가 있는 대형 마트 삼베리보다 접근성도 좋고 물건도 다양해 인기다. 가장 유사한 대형 마트 삼베리와 비교하면 블라제르가 제품 종류도 더 많고 정리도 잘 되어있는 편이다. 기념품으로 인기인 초콜릿이나 보드카 가격대는 거의 비슷하지만 해산물이나 식재료는 삼베리가 더 저렴하다.

미국식 스테이크 전문점

신디케이트 Syndicate [신디케이트]

📍 43.130380, 131.890784

주소 2f, ул. Комсомольская, 11 위치 중앙 광장 맞은편 버스 정류장에서 54a, 7т 버스(23루블) 타고 4정거장 후 블라제르 마켓 앞 달쁘레스(Дальпресс) 정류장 하차 후 버스 가는 방향으로 30m 직진 후 사거리에서 왼쪽으로 160m 시간 12:00~24:00(일~목), 다음 날 2:00(금~토) 가격 800루블~(1인 예산) 홈페이지 www.club-syndicate.ru 전화 423-246-94-60

라이브 재즈 공연을 보며 미국식 스테이크를 즐길 수 있는 레스토랑이다. 붉은 건물 2층에 있으며, 오래된 할리우드 영화 속 장면을 보는 듯한 1920~30년대 미국풍 인테리어 공간에서 미국식 스테이크를 비롯해 여러 미국 음식을 판매하고 있다. 국내 여행 방송 프로그램에 소개된 이후 한국 여행자 방문이 늘고 있다. 겨자와 로즈메리로 절인 드라이 에이징 양갈비 스테이크 카례야-그녠카 КАРЕ ЯГНЕНКА (1,250루블~)와 프리미엄 안심 부위인 샤토브리앙 스테이크 샤토브리앙 ШАТОБРИАН(2,470루블)을 추천한다. 낮 12시부터 오후 4시에 파는 수프+애피타이저+메인 요리

구성의 비즈니스 런치 메뉴(500루블)도 인기다. 라이브 재즈 공연은 매일 저녁 9시부터 시작된다.

재래시장이 있는 상가 스타일의 쇼핑센터

페르보레첸스키 쇼핑센터

первореченский торговый центр [뻬르바리친스키 따르고브이 첸트르]

📍 43.133319, 131.899029

주소 проспект Океанский, 13 위치 중앙 광장 맞은편 버스 정류장에서 54a, 7т 버스(23루블) 타고 5정거장 후 뻬르바야 레치카(1-я Речка) 정류장 하차 후 대각선에 있는 건물 시간 9:00~20:00(월~토), 9:00~18:00(일), 9:00~19:00(재래시장) 홈페이지 www.tc1rechka.ru 전화 423-245-28-32

신한촌 기념비 근처에 있는 페르보레첸스키 первореченский 중심에 있는 쇼핑센터다. 현대식 쇼핑센터로 재래시장을 비롯해 여행자들에게 유명한 드러그스토어 츄다데이와 알리스 커피 매장도 입점해 있다. 지역 거주민들이 이용하는 상가 형태로 규모는 생각보다 작지만 현지인들의 생활상을 가까이에서 볼 수 있다.

제품도 다양하고 가격도 저렴해 들러 볼 만하다. 재래시장에서 판매하는 킹크랩, 곰새우 등 해산물은 시내보다 약 20%는 저렴하다. 식재료 외에도 다양한 반찬, 조리 식품도 판매하니 조리가 가능한 숙소에서 머물고 있다면 한 번 들러 해산물과 다양한 러시아 가정식 요리와 반찬을 경험해 보자.

로컬 푸드를 이용한 극동 요리 전문 레스토랑

📍 43.130380, 131.890784

포트 카페 PORT CAFE [뽀르트 카페]

주소 1f, ул. Комсомольская, 11 위치 중앙 광장 맞은편 버스 정류장에서 54a, 7т 버스(23루블) 타고 4정거장 후 블라제르 마켓 앞 달쁘레스(Дальпресс) 정류장 하차 후 버스 가는 방향으로 30m 직진 후 사거리에서 왼쪽으로 160m 시간 12:00~24:00 가격 600루블~(1인 예산) 홈페이지 www.port-cafe.ru 전화 423-201-58-68

극동 지역에서 재배한 로컬 식재료를 이용해 다양한 극동 요리를 선보이는 레스토랑이다. 신선한 제철 재료를 사용해 현지인들 사이에서도 꽤 유명하다. 새우, 게 등 해산물 요리를 비롯해 순록 육회, 절인 연어 등 지역 향토 음식이 가득하다. 추천 메뉴는 블라디보스토크에서 한 번쯤 맛봐야 할 연해주 가리비(개당 200루블~)와 치즈와 같이 구운 자연산 홍합(620루블)이

다. 살짝 거부감이 들 수 있겠지만 한 번 경험해 볼 만한 순록 육회(620루블)와 생선을 넣어 끓인 러시아 수프 우하(470루블), 순록 고기를 넣어 만든 로즈메리 순록 안심(640루블)을 추천한다. 여행자들이 방문하는 다른 레스토랑과는 달리 약간은 도전적인 메뉴가 여럿 있으니 참고하자. 분위기, 맛 모두 훌륭하지만 직원들의 친절도는 호불호가 갈린다.

옛 한인 이주민들을 기리기 위해 세운 기념비　　📍43.135044, 131.895463

신한촌 기념비
Памятник корейским поселениям в Приморье [빠먀트닉 까례이스키 빠실리니얌 프리모리예]　　

주소 인근 ул. Хабаровская, 19 위치 중앙 광장 맞은편 버스 정류장에서 54a번 버스 타고 5정거장 뻬르바야 레치카(1-я Речка) 정류장 하차 후 로터리에서 12시 방향으로 직진하다 페르보레첸스키 쇼핑센터 지나 왼쪽 언덕길로 350m

연해주 지역 독립 운동의 본산인 신한촌의 역사적 의미를 기리기 위해 세운 기념비다. 러시아로 이주한 한인들이 최초로 형성한 한인촌 개척리를 시작으로 구소련 정부의 이주 정책에 따라 신한촌이 생겨났다. 항일 운동이 한창이던 당시, 독립 운동가 지원을 비롯해 독립을 위한 많은 활동이 일어났던 곳으로 1937년 스탈린의 강제 이주 정책에 따라 중앙아시아 등 여러 지역으로 한인들이 흩어지며 옛 신한촌은 사라지게 됐다. 3.1 독립 선언 80주년을 맞이해 한민족 연구소는 신한촌의 역사를 기억하고 후손들에게 알리기 위한 목적으로 세 개의 기둥으로 이뤄진 기념비를 세웠고, 이는 상해 임시 정부, 한성 임시 정부, 블라디보스토크에 있었던 대한 국민의회를 상징한다. 지금은 그 일대가 아파트 단지가 형성돼 과거 한인 거주지의 흔적을 찾기 어렵지만 먼 타국에서 나라를 생각하며 산 조상들의 숭고한 신념을 느껴 보고 가슴으로나마 감사한 마음을 전해 보자.

일출과 야경 포인트로 유명한 전망대

독수리 전망대 Сопка Орлиное гнездо [쏩카 아릴나예 그녜즈도]

◉ 43.117538, 131.898534

주소 Сопка Орлиное гнездо 위치 ❶ 클로버 하우스 앞 버스 정류장에서 68번 버스(23루블) 타고 2정거장 후 뿌니쿨로르(Фуникулёр) 정류장 하차 후 지하도를 통해 대각선 출구로 나와 언덕 방향으로 도보 3분 ❷ 중앙 광장 버스 정류장에서 90번 버스(23루블) 타고 2정거장 후 드브그투(ДВГТУ) 정류장 하차 후 정류장 맞은편 오른쪽 오르막길로 50m 직진 후 사거리에서 왼쪽에 있는 케이블카(12루블)로 올라간 후 지하도를 통해 대각선 출구로 나와 언덕 방향으로 도보 3분 시간 24시간 요금 무료

일출과 멋진 전경을 감상할 수 있는 전망대. 해발 고도 214m로 블라디보스토크에서 가장 높은 산인 오를리노예 그네즈도Орлиное гнездо 정상에 있다. 러시아어로 '독수리 둥지'라는 뜻을 가져 여행자들에게는 '독수리 전망

대'로 알려졌다. 과거 볼셰비키 혁명 이후 반정부군의 감시를 피해 공산당원들의 비밀 모임 공간으로도 사용된 장소로, 그림 같은 일출과 시내 야경은 물론 아무르만과 금각교Golden Hore, 거기에 루스키섬과 동해의 이름 모를 러시아 섬까지 보이는 멋진 뷰를 자랑한다. 한 가지 아쉬운 점은 블라디보스토크의 유일한 전망대임에도 노후된 시설과 무엇보다 전망대로 가는 길이 좋지 않다. 특히 일몰이 진 후 저녁 시간에는 전망대까지 올라가는 택시가 많지 않으니 참고하자. 개인적으로 저녁 시간보다는 일출을 볼 수 있는 새벽 시간 방문을 추천한다.

전망 좋은 고급 레스토랑

비사타 **Высота** [비싸따]

📍 43.119339, 131.895634

주소 Орлиное гнездо19-й этаж, ул. Аксаковская, 1 위치 ❶ 클로버 하우스 앞 버스 정류장에서 68번 버스 타고 2정거장 후 뿌니쿨료르(Фуникулёр) 정류장 하차 후 지하도를 통해 도보 10분 ❷ 독수리 전망대에서 도보 4분 시간 13:00~다음 날 1:00 가격 700루블~(스테이크), 650루블~(파스타) 홈페이지 www.vysota207. ru 전화 423-278-95-56

금각교 전경을 바라보며 근사한 저녁 식사를 즐길 수 있는 고급 레스토랑이다. 독수리 전망대가 있는 블라디보스토크에서 가장 높은 산 오를리노예 그네즈도Орлиное гнездо 언덕에 있는 주상 복합 건물 19층에 있어 뷰가 끝내준다. 연인을 비롯해 블라디보스토크 상류층 사교 모임도 자주 열릴 만큼 고급스러움은 물론 서비스와 맛까지 훌륭하다. 야경을 보며 근사한 저녁을 즐기고 싶은 커플족이라면 강력 추천한다. 단, 레스토랑이 있는 복합 건물이 약간 외진 곳에 있고 건물에 공식이 많아 주변 환경이 좋은 편은 아니다. 러시아 물가로 비교하면 비싼 편이지만 전경과 분위기로 따지면 합리적인 가격대고 낮 시간보다는 야경이 멋지니 해가 질 무렵 독수리 전망대를 방문하고 금각교에 조명이 켜지는 시간에 방문하도록 하자. 참고로 언덕에 있어 차도와 거리가 제법 있으니 돌아갈 때는 직원에게 택시를 요청해 이용하도록 하자.

독수리 전망대를 연결하는 케이블카

케이블카 **Фуникулёр** [뿌니쿨료르]

📍 43.115923, 131.900940

주소 ул. Пушкинская, 29 위치 ❶ 중앙 광장 버스 정류장에서 90번 버스(23루블) 타고 2정거장 후 드브그투(ДВГТУ) 정류장 하차 후 정류장 맞은편 오른쪽 오르막길로 50m 직진 후 사거리에서 왼쪽 ❷ 독수리 전망대에서 왼쪽 길로 내려와 지하도를 통해 대각선으로 나와 바로 시간 7:30~20:00(상시 운행) 요금 12루블(편도)

오를리노예 그네즈도Орлиное гнездо 언덕을 운행하는 케이블카(전차)다. 1962년부터 183m 트랙의 케이블카로 운행됐으며, 시간은 1분 남짓한 짧은 거리지만 오르막길인 언덕을 편하게 다닐 수 있어 인근 주민들에게는 꽤 유용한 교통수단이다. 독수리 전망대 근처인 베르흐냐 스탄짜야верхняя станция와 아래 니쥐니야 스탄짜야нижняя станция 두 개의 정류장으로 구별되며 이용 방법은 탑승 후 내릴 때 승무원에게 요금(12루블)을 지급하면 된다. 택시나 버스를 이용해 독수리 전망대를 방문할 계획이라면 케이블카를 이용해 도심으로 내려와 인근 명소를 돌아보는 일정으로 짜 보자. 참고로 도심 정류장에서 굼 백화점을 지나 중앙 광장까지는 걸어서 20분 정도 소요된다. 잔돈 교환이 어려우니 미리 준비해놓자.

키릴 문자를 만든 형제의 기념비

키릴 형제 기념 동상 Памятник Кириллу и Мефодию [빠먀트닉 끼릴루 이미뽀디유]

📍 43.117597, 131.898531

주소 Сопка Орлиное гнездо 위치 ❶ 클로버 하우스 앞 버스 정류장에서 68번 버스(23루블) 타고 2정거장 후 뿌니쿨료르(Фуникулёр) 정류장 하차 후 지하도를 통해 대각선 출구로 나와 언덕 방향으로 도보 3분 ❷ 중앙 광장 앞 버스 정류장에서 90번 버스(23루블) 타고 2정거장 후 드브그투(ДВГТУ) 정류장 하차 후 정류장 맞은편 오른쪽 오르막길로 50m 직진 후 사거리에서 왼쪽에 있는 케이블카(12루블)로 올라간 후 지하도를 통해 대각선 출구로 나와 언덕 방향으로 도보 3분 시간 24시간 요금 무료

러시아어 표기로 사용되는 키릴 문자를 만든 키릴 형제를 형상화한 동상이다. 키릴 형제는 9세기 동로마 제국의 선교사이자 신학자인 키릴로스Κύριλλος, Кирил와 메토디오스Μεθόδιος, Методий로 두 명의 형제를 일컬어 부르는 말이다. 처음에 키릴 형제는 슬라브족에게 기독교를 전파하기 위해 키릴 문자를 만들기 시작했다. 그런데 현재 유럽 동부 지방 거의 모든 나라가 키릴 문자를 기반으로 언어를 발전시켜왔음을 보면 키릴 형제의 영향력은 매우 컸다. 키릴 문자는 10세기경 러시아로 전파돼 지금의 러시아어의 모체가 됐고, 그 업적으로 기독교에서 분리된 동방 정교회에게 예수의 제자와 같은 성인 칭호를 받게 됐다. 정교회의 성인이자 키릴 문자를 전파한 키릴 형제는 러시아에서 빠질 수 없는 역사적 인물로, 러시아 곳곳에는 키릴 형제를 모시고 기념하는 동상을 쉽게 발견할 수 있다.

러시아 국민 시인이자 소설가 푸시킨 기념비 📍43.115771, 131.900565

푸시킨 기념 동상
Памятники Александр Сергеевич Пушкин [빠먀트닉 알렉싼드르 셰르게예비취 뿌쉬킨]

주소 ул. Пушкинская, 22 위치 중앙 광장 정류장에서 90번 버스(23루블) 타고 2정거장 후 드브그투(ДВГТУ) 정류장 하차 후 정류장 맞은편 오른쪽 오르막길로 50m 직진 후 사거리에서 왼쪽으로 50m(케이블카 건물 바로 옆) 시간 24시간

러시아 국민 시인이자 소설가인 알렉산드르 세르게예비치 푸시킨Александр Сергеевич Пушкин 기념 동상이다. 1799년에 태어나 1837년 젊은 나이에 생을 마감했지만 38년이

라는 길지 않은 생애 동안 시와 소설 등 다양한 문학 장르에서 활동하며 사실주의 문학의 선구자로 러시아 근대 문학을 열었다는 평가를 받고 있다. 우리에게도 '삶이 그대를 속일지라도'라는 시로 친숙한 러시아 문학인으로, 러시아를 비롯해 전 세계 약 45개 국가에 그를 기념하기 위한 기념비가 설치돼 있다. 꼭 가봐야 할 명소는 아니지만 독수리 전망대 근처를 연결하는 케이블카 건물 바로 옆에 있으니 지나는 길에 잠시 들러 보자. 동상을 바라보고 왼쪽의 프리모르시키 푸시킨 극장에서는 상시 연주 및 공연이 열린다.

주택가에 위치한 작고 아담한 정교회 사원 📍43.116059, 131.901556

타티아나 예배당
Храм святой мученицы Татианы [흐람 스비토이 무최니츠이 타티아느이]

주소 ул. Пушкинская, 29Б 위치 중앙 광장 정류장에서 90번 버스(23루블) 타고 2정거장 후 드브그투(ДВГТУ) 정류장 하차 후 정류장 맞은편 오른쪽 오르막길로 50m 직진 후 사거리에서 왼쪽으로 10m 시간 24시간, 10:00~19:00(내부)

성녀이자 순교자인 타티아나Martyr Tatiana를 기리기 위해 2000년에 지은 사원이다. 작은 규모지만 종탑과 화려하게 꾸며진 실내까지 관리가 잘 되어 있다. 평일에는 잠시 들르는 직장인들이 전부지만 주말이면 지역 주민들이 예배와 행사를 여는 장소로, 시험 기간에는 주변 대학생들의 기도 공간으로도 사용된다. 예배당 바로 옆에는 소련과 독일 간의 전쟁인 독소 전쟁(1941~1945년) 동안 희생당한 사람들의 추모비가 설치돼 있다. 종교 사원인 만큼 기본 예의는 필수다. 독수리 전망대를 연결하는 케이블카바로 옆에 있다.

📍 43.115628, 131.901949

세인트폴 루터 교회 Церковь Святого Павла [쩨르코브 스뱌또바 빠블라]

주소 ул. Пушкинская, 14 위치 중앙 광장 버스 정류장에서 90번 버스(23루블) 타고 2정거장 후 드브그투(ДВГТУ) 정류장 하차 후 정류장 맞은편 오른쪽 오르막길로 30m 시간 24시간, 10:00~20:00(내부) 홈페이지 www.luthvostok.com

블라디보스토크에 얼마 없는 루터교 성당 중 하나다. 과거 러시아로 이주한 독일 루터교 교인들이 1880년부터 성당으로 사용했던 작은 목조 건물로, 1909년에 지금의 모습으로 재건축해 교회로 사용하고 있다. 정교회가 국교인 러시아에서 루터교의 입지가 매우 작아 1935년 소비에트 연방 공화국에 의해 폐쇄되고, 1951년부터 1997년까지 태평양 함대 군사 역사 박물관으로 사용되다 1992년 함부르크 출신의 목사가 블라디보스토크로 오면서 독일 대사관의 도움을 받아 이름을 되찾고 1997년 이곳으로 이주해 사용되고 있다. 평일에는 썰렁할 정도로 한산하지만 예배가 있는 저녁 시간과 주말, 루터교 행사 시즌에는 꽤 많은 교인이 모여 예배와 행사를 한다. 참고로 루터교는 종교 개혁 이후 로마 가톨릭과 그리스 정교회를 제외한 기독교 계파 중 교세가 크고 역사가 오래된 교파다.

24시간 운영하는 깔끔한 레스토랑

📍43.115317, 131.902853

라떼 Latte [라떼]

주소 ул. Светланская, 83 위치 중앙 광장 버스 정류장에서 90번 버스(23루블) 타고 2정거장 후 드브그투 (ДВГТУ) 정류장 하차 후 정류장 오른쪽 대각선 건물 1층 시간 24시간 가격 300루블~(1인 예산) 전화 423-222-56-37

유럽 음식을 메인으로 24시간 운영하는 레스토랑이다. 약간 허름해 보이는 건물 외관과는 달리 캐주얼한 분위기의 인테리어에 약 40여 종의 음식과 수백 종의 주류가 있는 바Bar까지 운영하고 있다. 간편하게 먹을 수 있는 샌드위치를 비롯해 파스타, 스테이크, 일식과 태국 음식까지 다양한 요리를 판매한다. 심플하게 나오는 브런치 메뉴(150루블~), 수제 버거(320루블) 등 간편식 요리를 추천한다. 바를 메인으로 하는 저녁 시간에 방문한다면 모둠 치즈(650루블)를 추천한다. 굳이 찾아갈 정도로 유명한 맛집은 아니지만 독수리 전망대와 멀지 않아 일출 또는 일몰 후 들르기에 괜찮다. 사진으로 된 메뉴판이 준비돼 있으니 참고하자.

종류도 다양하고 값도 싼 러시아 대중 식당

📍43.115287, 131.902764

리퍼블릭 REPUBLIC [리퍼브리카]

주소 ул. Светланская, 83 위치 중앙 광장 버스 정류장에서 90번 버스(23루블) 타고 2정거장 후 드브그투 (ДВГТУ) 정류장 하차 후 정류장 오른쪽 대각선 건물 1층 시간 9:00~23:00(일~목), 9:00~24:00(금~토) 가격 200루블~(1인 예산) 홈페이지 www.republicbeer.ru 전화 423-222-07-01

독수리 전망대에서 일몰 감상 후 내려가는 길에 들르기 좋은 대중 식당이다. 서비스를 최소화해 가격을 낮춘 러시아 스타일의 서민 식당인 스탈로바야 체인점으로 가격대도 저렴하고 맛도 괜찮다. 블라디보스토크 기차역 맞은편 등 시내 곳곳 여러 매장이 있는데 특히 이 지점은 극동 연방 대학교 캠퍼스 근처에 있어 양도 푸짐하다. 먹고 싶은 음식을 그릇에 담다 보면 생각지도 못하게 고급 레스토랑급 가격이 나올 수 있으니 절제하며 고르는 자세가 필요하다. 접근성은 본 지점보다는 블라디보스토크 기차역 맞은편 지점이 훨씬 좋으니 동선에 의한 방문이 아니라면 굳이 찾아갈 정도는 아니다.

100년이 넘은 역사적 건물에서 만나는 전쟁의 흔적　　　♀ 43.114435, 131.900935

태평양 함대 군사 역사 박물관 Военно-исторический музей Тихоокеанского флота

[바옌나-이스타리체스키 무제이 티하아케안스카바 쁠로타]

주소 ул. Светланская, 66 위치 중앙 광장 정류장에서 90번 버스(23루블) 타고 2정거장 후 드브그투(ДВГТУ) 정류장 하차 후 버스가 온 방향으로 90m 시간 10:00~19:00(수~일) 휴관 매주 월, 화 요금 100루블(성인), 50 루블(학생 및 어린이) 홈페이지 www.museumtof.ru 전화 423-221-64-92

블라디보스토크에 본부를 둔 러시아 태평양 함대를 중심으로 한 군사 역사 박물관이다. 러-일 전쟁과 제2차 세계 대전 등 군대와 전쟁에 대한 500여 종에 달하는 자료를 시대별로 전시해 놓은 곳이다. 구소련 시대의 흔적을 비롯해 조각, 미술 등 예술 작품이 여럿 있다. 이 박물관의 건물은 1903년, 시베리아 지역 선원들의 거주 목적으로 최초 지어졌고, 소비에트 연합 시절 당시에는 해군 제독들이 거주용으로 사용했다. 1997년에는 박물관으로 탈바꿈해 오랜 역사를 유지하고 있다. 박물관 외부에는 실제 사용했던 구소련제 전차, 대공포 무기 등이 전시돼 전쟁이나 무기에 관심 있는 여행자에게는 안성맞춤이다. 실내 전시품을 잘 살펴보면 한국과 북한 관련 자료도 여럿 있다.

러-일 전쟁 당시에 희생됐던 영웅들을 기리는 기념비

러-일 전쟁 영웅 기념비

Героям Русско-Японской Войны [계로얌 루스카 예쁜스코이 보이느이]

📍 43.114353, 131.900310

주소 ул. Светланская, 73 위치 중앙 광장 정류장에서 90번 버스(23루블) 타고 2정거장 후 드브그투(ДВГТУ) 정류장 하차 후 버스가 온 방향으로 110m 시간 24시간

1904년부터 1905년에 벌어진 러시아-일본 간의 전쟁에서 전사한 선원들과 군인들을 추모하는 기념비다. 창과 방패를 들고 날개를 단

수호 성인의 형상으로 2006년에 태평양 함대 275주년을 기념해서 세웠다. 러일 전쟁은 우리의 역사로 보면 만주와 한국의 지배권을 두고 싸운 가슴 아픈 역사다. 당시 러시아는 아시아 지역으로의 진출을 계획하고 일본과 격돌해 만주 지역을 실질적으로 지배했고, 서울로 들어온 일본군은 대한제국 황궁을 점령한 뒤 강제로 한일 의정서를 체결했다. 우리의 역사로는 영웅이라는 단어를 붙일 수 없는 곳이지만 블라디보스토크에서는 그들을 영웅이라 칭하고 그들의 넋을 기리고 있다. 동상 뒤에 세 개의 기둥으로 세워 진 비석에는 '러시아 군인에게 영광'이란 문구가 새겨 있다.

금각만을 가로지르는 아름다운 사장교

금각교 **Золотой мост** [잘라또이 모스트]

📍 43.109442, 131.896555

주소 Золотой мост 위치 클로버 하우스 앞 버스 정류장에서 38번, 68번 버스(23루블) 타고 1정거장 후 수하노바(ул. Суханова) 정류장 하차 후 버스 가는 방향으로 도보 300m 직진 후 사거리에서 왼쪽으로 진입

독수리 전망대에 올라 내려다보면 한눈에 보이는 큰 사장교다. 금각만Золотой Рог을 통과하는 2.1km의 다리로 2012년 개통 당시에는 세

계 최장 길이의 사장교였다. 금각교라는 호칭은 금각만을 지난다고 해서 붙여진 이름이다. 금각만은 원래 이스탄불에 있는 곳인데 이스탄불의 금각만과 지형이 비슷해서 이름을 그대로 따온 것이다. 러시아의 국교인 정교회의 뿌리가 콘스탄티노플(지금의 이스탄불)에서 출발하니 연해주와 거리가 먼 곳이지만 그곳의 이름을 따온 것이 이해가 된다. 아침과 밤의 분위기가 각기 다른데, 빛에 따라 변하는 아름다운 풍경은 많은 여행객의 발걸음을 멈추고 카메라를 들게 한다. 블라디보스토크 기차역과 여객 터미널에서 바라봐도 멋진 풍경을 자랑하니 한번쯤 들러 사진을 남겨보자.

러시아 예술의 정수로 평가받는 극장   ♀ 43,100728, 131,898196

마린스키 극장 Мариинский театр [마린스키 띠아뜨르]

주소 ул. Фастовская, 20 위치 ❶ 중앙 광장 버스 정류장에서 62번 버스(23루블) 타고 14정거장 후 데트스키 빠르크(Детский парк) 정류장 하차 후 도보 5분(시내로 돌아오는 버스는 금각교 입구 띠아트르 오뻬르이 이 발례타[Театр оперы и балета] 버스 정류장에서 15번, 15k번, 22d번, 29d번 버스 타고 3정거장 후 이줌루드 플라자(Изумруд Плаза) 정류장 하차) ❷ 블라디보스토크 시내에서 택시 이용(200~300루블) 요 금 100~3,000루블(공연에 따라 다름) 홈페이지 www.prim.mariinsky.ru/en (영어) 전화 423-240-60-60

모스크바의 볼쇼이 극장과 함께 러시아 예술의 정수로 평가받는 마린스키 극장의 극동 지부(분관)다. 세계적으로 유명한 마린스키 발레단이 소속된 극장으로, 러시아를 대표하는 최정상 공연을 비교적 저렴한 가격으로 즐길 수 있다. 2012년 APEC 회의 당시 블라디보스토크의 인프라 확충 계획에 의해 건립된 오페라 극장에 생겨서 시설 또한 최신식이고 2개의 홀에서는 러시아를 대표하는 발레 공연부터 오페라, 콘서트 등 공연이 1년 내내 열린다. 가장 인기 있는 공연은 2017년 예술의 전당 오페라 극장에서 마린스키 발레단 내한 공연을 이끈 지휘자 안톤 토르비예프Anton Torbeev의 발레 공연이다. 내한 공연 당시의 가격과 비교하면 약 60% 정도로 저렴하게 최정상 발레 공연을 즐길 수 있다. 다른 공연 역시 평균가 100~3,000루블 사이로 가장 좋은 자리에서 보더라도 무리 없는 가격선이다. 상트페테르부

르크의 원조 마린스키 극장과 총감독은 동일하나 출연진, 연주자는 극동 지방 출신들로 구성돼 있다. 아무래도 역사와 정통성에 있어서 원조만큼의 높은 평은 받지 못하지만 200년이 넘게 이어 온 러시아 발레의 위엄은 분명 느낄 수 있으니 기회가 된다면 꼭 한 번 관람해 보길 추천한다. 현장 구매도 가능하지만 온라인을 통한 사전 예약을 추천하고, 공연 관람을 계획한다면 공연에 대한 정보를 알고 가는 것이 관람의 즐거움을 배가시킨다.

마린스키 극장 인터넷 예약 방법

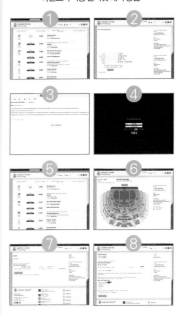

❶ 마린스키 프리모르스키 극장 홈페이지 prim.
mariinsky.ru/en/playbill/playbill 접속
(검색 사이트에서 '블라디보스토크 마린스키 극장'
검색 후 웹사이트에서도 접속 가능)
❷ 상단 우측 국기 옆 인물 버튼 클릭 후 회원가입
(Register)
❸ 이메일로 최종 인증 후 메인 페이지 복귀
❹ 상단 우측 국기 옆 인물 버튼 클릭 후 로그인
❺ 관람하고자 하는 공연 선택
❻ 좌석 선택(노란 좌석이 예매 가능한 좌석. 좌석을
선택하면 요금이 나옴) 후 add to basket 버튼 클릭
❼ 선택한 공연, 좌석, 시간, 가격 확인 후 Complete
Purchase 버튼 클릭
❽ 결제 수단 선택 및 결제
❾ 이메일로 오는 티켓을 출력해 공연장 박스오피스
에서 실물표로 교환
❿ 망원경 대여(조금이라도 가깝게 보고 싶다면 1층)

러시아 극장 에티켓

<u>드레스 코드</u> 과거에는 정장이나 이브닝 드레스가
기본이었지만 최근에는 캐주얼이나 원피스, 스커
트도 허용된다. 남성은 반바지와 슬리퍼 차림으로
는 출입할 수 없다. 인기 있는 공연은 바로 옆자리에
드레스를 입은 관객이 있을 수 있으니 최대한 단정
하고 격식 있는 복장을 추천한다.

<u>공연 시작 최소 30분 전에 공연장 도착</u> 공연이 시작
되고 난 후에는 입장 제한이 있으니, 공연이 시작되
기 30분 전에 입장을 시작하고 공연 시작 10분 전까
지는 좌석에 착석하기를 권장한다. 미리 도착해 좌
석 확인 후 예약한 좌석에 앉도록 하자.

<u>외투 보관</u> 쇼핑센터에서도 외투 보관대가 있을 정
도로 실내에서는 외투를 가지고 다니거나 입지 않
는 것이 매너다. 공연장 역시 입구에서 외투나 잠바
는 벗어서 보관을 맡겨야 하고 맡기면서 받은 번호
표를 챙겨 돌아갈 때 외투를 받아 가야 한다. 외투를
입거나 손에 든 채로 입장할 경우 입장이 불가할 수
있으니 미리 맡겨 놓자.

<u>음식물 반입 금지</u> 공연장 내부로 음식물 반입은 금
지다. 혹 몰래 가지고 들어갈 경우 주변 관객들의 시
선이 매우 따가우니 음식물은 삼가자.

<u>휴식 시간</u> 공연에 따라 최소 1회~최대 3회까지 공
연 중간 20분 정도의 휴식 시간이 있다. 휴식 시간에
는 편하게 외부 이동이 가능하지만 재 입장 시 표를
확인하니 공연장 밖으로 나갈 경우 표를 꼭 소지해
야 한다.

<u>사진 촬영</u> 공연 중 사진 촬영은 엄격하게 금지돼 있
다. 공연에 따라 특정 시간(중간 공연이 끝나는 시점,
본 공연이 끝나는 시점 등)에 사진 촬영을 허가하고
있지만 배우들의 몰입을 위해서도 끝나는 시간 외
에는 카메라와 스마트폰은 잠시 꺼 두는 것이 좋다.

<u>브라보</u> 공연이 끝날 무렵 어김없이 앙코르를 외치
는 감사의 박수가 터져 나온다. 한국과는 달리 휘파
람을 불거나 큰 소리로 환호를 하면 주변 사람들이
정색을 하니 주의하자. 러시아에서는 박수와 함께
브라보를 외친다.

천혜의 자연을 간직한 섬
📍 43.002119, 131.841878

루스키섬 Русский остров [루스키 오스트랍]

주소 Русский остров 위치 ❶ 이줌르드 플라자 맞은편 버스 정류장에서 15번 버스(23루블) 타고 23정거장 후 데베게우(ЯЯKC) 정류장 하차 후 도보 또는 자전거로 이동 ❷ 이줌르드 플라자 맞은편 버스 정류장에서 29d번 버스(23루블-극동 연방 대학교 경유) 타고 23정거장 후 미니테쯔 꼼무날나야(мини ТЭЦ "Коммунальная") 정류장 하차 후 도보 이동 ❸ 택시 이용(300~350루블, 40분 소요)

동해안 연안 천혜 자연을 간직하고 있는 섬이다. 그 이유는 과거 구소련 시절 군사기지가 있어 일반인의 출입이 엄격히 금지됐고, 대교 건설이 번번이 무산돼 자연 그대로의 모습을 보존할 수 있었다. 그러다 2012년 APEC 회담 장소로 루스키섬이 정해지면서 루스키 대교가 완성되며 많은 변화가 생겼났다. 러시아 제국 시절인 1899년 설립된 극동 연방 대학교이 들어가고 최근에는 대형 아쿠아리움이 개장하면서

힐링과 관광을 목적으로 한 여행객들의 방문이 조금씩 늘고 있다. 인위적으로 만들지 않은 자연 그대로의 산책로와 다듬어지지 않은 아름다운 연안. 아직도 사람의 발길이 닿지 않는 경관 포인트가 많아 새로운명소를 탐험하며 트레킹을 즐기기에 제격이다. 이정표가 없고 인적이 드문 곳이니 혼자 방문은 피하는 것이 좋다. 트레킹을 목적으로 한다면 자동차 도로가 있는 일부 지역을 제외하고는 대중교통이 거의 없으니 되도록 오전이나 늦어도 오후 1시 이전에는 출발할 수 있도록 계획하고, 물과 간식 그리고 날씨 변화에 따른 체온 유지용 점퍼를 꼭 챙겨 가자. 루스키섬은 우리나라의 울릉도 면적(72.56km²)보다 약간 큰 면적(97.6 km²)에 약 6,000명이 거주하고 있다.

루스키섬을 연결하는 아름다운 사장교

루스키 대교 Русский мост [루스키 모스트]

📍 43.064474, 131.909498

주소 Русский мост 위치 이줌루드 플라자 맞은편 버스 정류장에서 15번 버스(23루블) 타고 23정거장 후 데베게우(АЯКС) 정류장 하차(도보 접근 불가)

블라디보스토크와 루스키섬을 이어주는 다리다. 2012년에 열린 APEC 개최를 기준으로 완성된 4차로 다리다. 건설 당시 교각 간 거리가

1,104m로 세계 최장이며 높이도 324m로 세계 최고로 긴 대교로 기네스북에 등재됐다. 모습도 비슷한 사장교며 자칭 블라디보스토크를 극동의 샌프란시스코라 일컬어 샌프란시스코 금문교와 비교되곤 한다. 대교는 도보 접근이 불가능해 버스나 택시로 이동하며 보는 것이 전부다. 루스키 대교를 한눈에 보고 싶다면 극동 연방 대학교 캠퍼스 내 해안가 산책로나 블라디보스토크 남부에 위치한 마약 등대로 알려진 토카렙스키 등대를 방문하자.

극동 지역 최대 규모의 최고 대학교

극동 연방 대학교 Дальневосточный федеральный университет

[달니바스토치느이 뻬디랄느이 우니베르시텥]

📍 43.027248, 131.889178

주소 ул. Аякс 위치 ❶ 이줌루드 플라자 맞은편 버스 정류장에서 15번 버스(23루블) 타고 23정거장 후 데베게우(АЯКС) 정류장 하차 ❷ 택시 이용(300~350루블, 40분 소요) 홈페이지 www.dvfu.ru 전화 423-265-24-24

러시아의 마지막 황제인 니콜라이 2세의 칙령으로 1899년에 설립된 국립 대학이다. 볼셰비키 혁명 이후 공산당이 집권하면서 16년간 폐쇄됐다가 1956년 다시 문을 열었다. 이후 2010년 주변 대학교들과 통합되면서 극동 연방 대학교라는 이름으로 교명을 바꾸고 2012년 몇몇 학과를 제외하고 이곳 루스키섬으로 캠퍼스를 옮기며 명실상부한 극동 지방 최고

의 대학교로 자리매김했다. 2008년 러시아 연방 정부로부터 러시아 최상위 5위권 대학에 선정될 정도로 극동 지역에서는 최고의 대학교로 인정받고 있다. 동해안에 위치한 학교인 만큼 동아시아 관련 학과가 많다. 국내 대학교와는 비교할 수 없을 정도의 큰 규모로 학교 내 무료 셔틀버스(배차 간격 15분)가 상시 운행하고 있다. 동쪽으로는 바다와 인접해 있고 서쪽으로는 숲이 있어 매우 쾌적하다. 교내에 외국인도 이용 가능한 가성비 좋은 카페, 식당도 있고 자전거 대여(공원 내 대여소에서 시간당 150루블, 종일 500루블)도 가능하니 러시아 대학 문화가 궁금하다면 한번 들러 보자. 건물 출입 시 신분증을 요구하는 경우가 있으니 여권 지참 후 방문하자.

세계에서 3번째로 큰 아쿠아리움

📍43.014299, 131.930461

프리모르스키 아쿠아리움 Приморский океанариум [쁘리모르스키 아케아나리움]

주소 ул. Академика Касьянова (о. Русский), 25 **위치 ❶** 이중루드 플라자 맞은편 버스 정류장에서 15번 버스(23루블) 타고 28정거장 후 쁘리모르스키 아케아나리움(Приморский океанариум) 정류장 하차 후 셔틀버스로 이동 ❷ 택시 이용(350~400루블, 50분 소요) **시간** 10:00~20:00 **휴무** 매주 월, 수 **요금** 1,200루블(성인), 500루블(5~14세), 무료(5세 미만 어린이) **홈페이지** www.primocean.ru **전화** 423-223-94-22

2016년 9월에 개장한 세계에서 3번째로 큰 아쿠아리움이다. 태평양에서 서식하는 다양한 해양 생물 전시를 중심으로 해양 생물의 진화, 러시아의 해양 생물 환경 등 다양한 테마로 이루어져 있다. 축구장 5개 크기의 부지에 지어진 이 아쿠아리움은 관광 목적뿐 아니라 국가 해양 생물학 센터National Scientific Center of Marine Biology와 러시아 과학 아카데미 극동 지부NSCMB FEB RAS가 설립돼 현재 러시아 내에서도 해양 생물학 분야 연구 시설의 역할도 함께하고 있다. 아쿠아리움 좌측 800석 규모의 공연장 돌피나리움에서는 오전 11시부터 오후 3시까지 돌고래, 바다 코끼리, 물개 그리고 흰돌고래White beluga-whales가 출연하는 양질의 공연이 열리고 내부 수족관에서는 다이버들의 공연이 상시 열린다.

북한 지형과 닮은 곳

◉ 42.946232, 131.872928

토비지나 곶(북한섬) Мыс Тобизина [므스 토비지나]

주소 Мыс Тобизина 위치 ❶ 이줌루드 플라자 맞은편 버스 정류장에서 29d번 버스(23루블-극동 연방 대학교 경유) 타고 23정거장 후 미니테쯔 꼼무날나야(мини ТЭЦ "Коммунальная") 정류장 하차 후 도보 1시간 ❷ 이줌루드 플라자 맞은편 버스 정류장에서 15번 버스(23루블) 타고 23정거장 후 데베게우(АЯКС) 정류장에서 26d 버스 환승 후 미니테쯔 꼼무날나야(мини ТЭЦ "Коммунальная") 정류장 하차 후 도보 1시간 ❸ 택시 이용 (500~550루블, 60분 소요)

루스키섬 트레킹 코스로 가장 많은 사람이 방문하는 토비지나 곶이다. 러시아 제독 이반 로마노비치 토비지나Ivan Romanovich Tobizin의 이름을 따서 명명한 이 곳은, 형태가 북한 지형과 매우 유사하다 하여 한국 여행자들 사이에서는 '북한섬'이라 불린다. 도로를 벗어나 바다 방향으로 1시간가량 자연 길을 걸어가면 만날 수 있는 곳으로 40m에 이르는 조각처럼 깎인 절벽과 푸른 바다가 어우러진 그림 같은 풍경을 만날 수 있다. 교통편이 좋지 않고 자연 경관 외에는 관광 시설이 전혀 없어 주말 외에는 방문자가 많지 않으니 참고하자. 블라디보스토크 시내에서 버스로 이동 시 토비지나 곶 도착까지 최소 3시간이 걸리니 돌아오는 일정을 감안해야 한다. 이정표가 없는 곳이니 GPS 기반 지도 애플리케이션 설치는 필수다.

Vladivostok
여행체크리스트

블라디보스토크
항공권 예약
페리 예약
숙박 선택
기본 정보
HOT 아이템 & BEST 4

블라디보스토크 항공권 예약

VLADIVOSTOK

**블라디보스토크
항공**

우리나라에서 비행기로 약 2시간이면 도착할 수 있는 블라디보스토크.
2012년 APEC 정상 회의 개최 이후 여행 인프라 확충과 한국 기업들
의 진출로 항공편도 점차 늘어나고 있는 추세다. 블라디보스토크를 가
장 빠르게 가는 방법은 북한 영공을 지나는 것인데, 우리나라 항공기는
북한 영공을 지날 수 없기 때문에 러시아 항공사, 시베리아 항공(S7) 등
을 이용하는 것이 가장 빠르다. 러시아 국적의 항공사는 2시간이면 충
분하지만 대한항공, 제주항공 등 우리나라 항공사는 중국 우회로 2시
간 15~40분이 소요된다. 짧은 비행 시간이기 때문에 비행기 내에서
의 편안함과 서비스보다는 가격, 조건, 마일리지 등을 고려하는 것이 더
효과적이다. 들고 올 수 있는 기념품이 많은 여행지인 만큼 위탁 수화물
20kg이 포함된 조건을 추천한다.

항공 운항 정보

블라디보스토크 항공편은 직항과 경유로 나뉜다. 경유 항공편은 가격이
직항보다 비싸고 경우의 수가 많아 이 책에서는 직항 항공편만 소개한
다. 아에로플로트 러시아 항공사는 자회사 저비용 항공사인 오로라 항
공기를 사용하고, 시베리아 항공(S7)은 부정기 노선으로 아시아나와 공
동 운항한다. 즉, 대한항공 외에는 모두 저비용 항공사가 운행하니 참고
해서 선택하자.

*항공사 스케줄은 상시 변동될 수 있으니 해당 항공사 홈페이지 참조 필수

출발지	항공사	스케줄
인천	대한항공	하루 1편, 매일 운행 (2시간 40분 소요)
	제주항공	하루 2편, 매일 운행 (2시간 25분 소요)
	아에로플로트 러시아 항공+ 오로라 항공 공동 운항	하루 2편, 매일 운행 (2시간 소요)
	티웨이항공	매주 월, 목, 금, 토 운행(부정기) (2시간 45분 소요)
	이스타항공	매주 수, 금, 일 운행 (2시간 45분 소요)
대구	티웨이항공	하루 1편, 주 3회 운항 (3시간 15분 소요)
양양, 청주	야쿠티아 항공	매주 1회 (부정기 노선) (1시간 40분 소요)

※ 대한항공 이용자는 신규 오픈한 인천 국제공항 제2 터미널로 가야 한다. 공항버스와 공
항 철도 모두 제1 여객 터미널을 경유해 제2 여객 터미널로 가니 주의해서 하차하자. 혹 제
1 여객 터미널에서 내렸다면 3층 8번 정류장에서 무료 셔틀버스(20분)를 이용하면 된다.

항공권 예약하기 블라디보스토크 대부분의 항공사가 사용하는 얼리버드 요금제와 출발 전 높은 할인율을 제공하는 할인 요금제를 병행해 사용한다. 방문객이 많은 6~10월에는 빠르면 빠를수록 저렴한 가격으로 구매할 수 있고 비수기에는 미리 구매하거나 출발일 기준 7일 전 할인 가격대를 보고 선택하는 것도 좋은 방법이다. 보드카나 화장품을 선물로 사 올 예정이라면 위탁 수화물이 필수기 때문에 저비용 항공사 티켓을 구매한 여행자들은 본인의 티켓에 위탁 수화물이 포함된 표인지 꼭 확인 후 구매하자. 최근 저비용 항공사에서는 수화물 규정을 엄격히 관리해 위탁 수화물, 기내 수화물의 크기와 무게를 확인해 초과 요금을 받고 있다. 비용을 아껴 보고자 선택했던 저비용 항공사지만 수화물로 인해 더 많은 비용이 나갈 수 있으니 주의하자.

STEP 01
항공권 요금을 찾기 이전에 출발하는 날짜에 어떤 항공편이 있는지 살펴보자. 온라인 여행사 사이트를 이용하면 쉽고 간단하게 운행 항공편을 찾아볼 수 있다.

| 인터파크투어 | 스카이스캐너 |

STEP 02
항공편을 찾았다면 가장 먼저 해당 항공사 홈페이지를 방문해 보자. 일반 항공사의 경우는 적지만, 저비용 항공사는 항공사 자체 프로모션을 진행해 온라인 여행사보다 더 저렴한 요금대를 찾을 수 있다.

| 제주항공 | 시베리아 항공(S7) |

STEP 03

항공사 홈페이지에서 요금을 확인했으면 이제 온라인 여행사를 통해 가격을 비교해 보자. 하나투어, 모두투어 등 온라인 여행사는 물론 인터파크투어, 땡처리닷컴, G마켓 항공 등 일반 요금보다 할인된 요금으로 판매하는 항공권이 종종 있다.

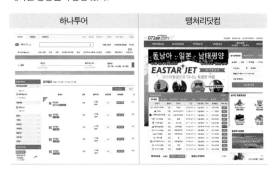

하나투어	땡처리닷컴

STEP 04

항공권 예약 전 반드시 해당 항공권에 대한 항공 규정을 살펴보고 구매하자. 살펴봐야 할 요금 규정은 아래와 같다.

구분	설명
운임 조건	학생, 장애인 등 특수 적용 운임의 경우 증빙 서류가 없으면 구매가 불가능하다.
유효 기간	항공권을 이용할 수 있는 기간. 일정 변경이 가능한 항공권이라도 정해진 유효 기간 내에서만 가능하다.
환불 규정	요금에 따라 불가, 위약금, 수수료 등이 달라진다.
취급 수수료	예약 취소, 변경에 따라 지급 되는 비용
여정 변경	불가능 또는 1회 가능, 가능
출발 변경	출발일 변경 가능 여부
귀국 변경	귀국일 변경 가능 여부
수화물 규정	저비용 항공사의 경우 반드시 확인 필요

일정이 취소 또는 변경 가능성이 있다면 가격이 비싸더라도 변경 가능한 항공권을 구매하는 것이 좋다. 저비용 항공사의 경우 할인율이 높은 항공권은 취소할 수 없거나 높은 수수료가 붙을 수 있으니 주의하자.

블라디보스토크 페리 예약

VLADIVOSTOK

블라디보스토크 페리

동해항 국제 여객 터미널에서는 블라디보스토크를 연결하는 DBS 페리가 운항하고 있다. 주 1회로 운항 횟수는 많지 않지만 성수기에는 항공 요금에 비해 가격이 저렴하고 선상에서 일출과 일몰을 감상할 수 있으며 사우나, 노래방 등 편의 시설이 가득해 단체, 가족 단위 여행객에게 인기다. 수화물 규정이 까다롭지 않고 자전거, 오토바이, 자동차 등 대형 수화물을 가져갈 수 있다는 점 또한 페리가 가지고 있는 장점 중 하나다. 단, 블라디보스토크 정박 시간이 길지 않아 하절기에는 2박 3일, 동절기에는 1박 2일 일정 또는 7일 이상 장기 일정을 선택해야 한다.

페리 운항 일정

페리는 3~11월과 12월~이듬해 2월 기간으로 나뉘어 운항한다. 짧은 일정으로 블라디보스토크를 돌아볼 여행자라면 3~11월에 2박 3일 일정을 추천하고, 블라디보스토크 외에 러시아 인근 도시를 함께 돌아볼 여행자라면 블라디보스토크 도착과 출항 요일을 참고해 여행 일정을 계획하자.

3~11월

동해→블라디보스토크	일요일 14:00 출발	월요일 13:00 도착
블라디보스토크→동해	수요일 14:00 출발	목요일 10:00 도착

12~2월

동해→블라디보스토크	일요일 14:00 출발	월요일 15:00 도착
블라디보스토크→동해	화요일 17:00 출발	수요일 14:00 도착

운임 및 할인

- 만 2세 미만 유아 성인 1명당 1명에 한해 무료 승선
- 유류세 및 항만세 별도 지불(동해: 2,500원, 블라디보스토크 760루블)
- 환불 규정 (출항 1주일 전 10%, 출항 2일 전 20%, 출항 1일 전~출항 전 50%, 출항 후 환불 불가)
- ※옆 요금표는 정가 요금으로 여행사를 통하면 할인 금액으로 구매 가능

이코노미 클래스 Economy class	(편도) 222,000원 (왕복) 370,000원	2층 침대 또는 온돌 (100, 72, 12 인실)
세컨드 클래스 Second class	(편도) 252,000원 (왕복) 420,000원	2층 침대 또는 온돌 (4, 8, 12 인실)
퍼스트 클래스 First class	(편도) 294,000원 (왕복) 490,000원	침실 또는 온돌 (2, 4, 6 인실)
스위트 Suite	(편도) 462,000원~ (왕복) 770,000원~	침실 (2인실)

2~12세 미만 50%할인, 만 30세 미만 학생 20% 할인, 장애인 및 만 65세 이상 20%할인

여행에 있어 잠자리는 여행의 만족도를 좌우하는 중요한 요소다. 평상시와는 달리 휴식과 즐거움을 찾아 떠나는 시간인만큼 숙소의 선택은 중요한데, 선택 시 무엇보다 고려해야 할 것은 가격보다는 여행의 콘셉트에 맞춘 숙소 타입을 정하는 것이 좋다. 블라디보스토크는 숙박 유형이나 수가 많지 않아 선택의 폭이 넓지 않다. 대부분 여행자는 가격대가 저렴한 기차역 주변이나 명소 접근성이 좋은 해양 공원 인근을 주로 선택하니 참고하자.

숙박 종류

호스텔

호스텔 이즈바 Hostel IZBA(450루블~)

블라디보스토크에서 가장 유명한 호스텔이다. 도미토리 기준 약 1만 원이라는 착한 가격과 클로버 하우스에서 도보 1분 거리에 있어 위치 또한 매력적이다. 취사장, 샤워실 등이 공동 사용이라는 단점은 있지만 시설이 매우 괜찮아 배낭족에게는 최적의 숙소임이 확실하다.

한인 민박

슈퍼스타 게스트하우스(1,000루블~)

한국인 자유 관광객 사이에서 가장 사랑받는 한인 민박이다. 여행자 거리인 아르바트 거리 안쪽 골목에 있어 위치도 좋고 내부 시설 또한 괜찮다. 무엇보다 이곳의 매력은 주인장이다. 한국인 여행자 한 명 한 명에게 블라디보스토크를 즐길 수 있는 알짜 정보를 제공한다.

아파트먼트

선라이즈 아파트 호텔(15,000~30,000루블)

중앙 광장에서 도보 10분 거리에 있는 아파트먼트. 실제 러시아인들이 거주하는 아파트 일부를 사용하는 숙박 시설로, 전자레인지 등 취사 가능한 조리대와 세탁기까지 비치돼 있다. 공항으로의 이동은 애매하지만 주요 명소를 돌아보기에도 괜찮은 위치. 장기 여행자나 가족 단위 여행자라면 고려해 볼 만하다.

비즈니스호텔

젬추지나 호텔(20,000~35,000루블)
블라디보스토크 기차역에서 도보 10분 거리에 있는 비지니스 호텔이다. 외관은 우리나라의 큰 모텔 수준이지만 작고 아담한 룸과 실내 상태는 나름 괜찮다. 오르막길을 올라가야 하는 단점이 있지만 가성비 좋은 호텔로 알려져 있다.

호텔

아지무트 호텔(35,000~50,000루블)
바다 뷰를 자랑하는 깔끔한 호텔이다. 블라디보스토크 내 호텔 중에서는 가장 심플하고 감각적인 디자인의 호텔이다. 접근성이 나쁘다는 단점이 있지만 택시를 이용한다면 커플이나 가족 단위 여행객에도 괜찮은 선택일 수 있다.

베르사유 호텔(35,000~50,000루블)
100년이 넘은 오래된 유럽풍 건물의 호텔이다. 해양 공원에서 도보 2분 거리로 위치가 아주 좋다. 오랜 명성을 유지하고 있는 호텔로 외관과 내부 모두 화려하지만 서비스와 룸 타입은 살짝 아쉬울 수 있다.

롯데 호텔(구 현대 호텔, 50,000~75,000루블)
블라디보스토크 유일의 5성급 호텔이다. 랜드마크라 해도 손색이 없을 정도로 가장 크고 유명하다. 건물 연식이 제법 되는 터라 외관은 허름하지만 룸 상태와 서비스는 국내 호텔과 비슷하다.

숙박 최저가 예약하기

최근 호텔 예약 사이트의 경쟁으로 할인 쿠폰이나 적립, 추가 할인 등 다양한 혜택이 늘어나고 있다. 어디서 어떻게 예약을 하느냐에 따라 적게는 몇 천 원, 많게는 몇 만 원까지 절약할 수 있으니 여러 사이트를 비교해 보고 예약하자.

아고다 Agoda

아시아와 유럽 쪽에 특히 강세를 보이고 있는 '아고다'는 다른 숙소 큐레이션 서비스보다 많은 숙소 데이터베이스를 가지고 있어 블라디보스토크 여행에 꼭 확인해 봐야 할 서비스다. 아주 저렴한 민박집부터 가장 비싼 호텔까지 다양한 옵션들을 볼 수 있으니 숙소 선택에 참고하자.

호텔스닷컴 Hotels.com

호텔 쪽으로는 전 세계 호텔을 커버하는 방대한 데이터베이스를 가지고 있는 호텔스닷컴. 10박을 하면 1박을 공짜로 주는 프로모션과 다양한 할인 혜택이 있어, 호텔을 검색하는 여행자에게는 꼭 들러야 하는 서비스 중 하나다.

호텔스컴바인 Hotels Combine

어느 정도 숙소를 정했다면 이곳에서 마지막으로 최종 가격을 확인해서 알뜰한 여행을 계획하자. 다양한 숙소 추천 서비스들의 가격을 비교해서 가장 저렴한 가격을 찾아주기 때문에 숙소를 정한 상태에서 쓴다면 가격적으로 도움이 많이 된다. 다만, 이곳도 수수료를 포함한 가격을 보여 주니 무조건적으로 확실한 건 아니라는 것을 명심하자.

국내 여행사 전화 예약

온라인 사용이 어렵거나 시간적 여유가 없는 여행자라면 국내 호텔 예약 전문 회사를 통해 전화 예약을 할 수 있다. 한 가지 기억할 것은 전화 예약 특성상 상담 직원에 따라 추천 호텔이 달라질 수 있으니 참고하자.

하나투어 02-3417-1212
인터파크투어 02-3479-4230
여행박사 070-7017-2100

여행지 정보

블라디보스토크 여행을 출발하기에 앞서 체크해야 할 것들을 모아 놓았다. 시차부터 비자 등 필수 정보와 여행 짐싸기, 블라디보스토크 여행 시 유용한 애플리케이션 등 알아두면 유용한 정보이니 참고해서 떠날 준비를 하도록 하자.

시차

+1 시간

시차
블라디보스토크는 지리적으로 우리나라와 가깝지만 1시간 빠른 시차가 있다. 하지만 일출이나 일몰은 우리나라와 거의 비슷하다. 한 가지 주의할 점은 러시아의 수도 모스크바와 블라디보스토크가 7시간이라는 시차가 있는데, 기차 시간표에는 블라디보스토크 시간이 아닌 모스크바 시간으로 표기돼 있으니 착오 없길 바란다.

비자

무비자,
최대 60일 체류 가능

비자
상호 비자 면제 협정이 되어 있어 무사증으로 1회 최대 60일, 입국일 기준 6개월 이내 90일 체류가 가능하다. 단기 여행자는 상관없지만 장기 여행자나 여러 번 블라디보스토크를 방문할 예정이라면 6개월 이내 최대 90일만 체류가 가능하다는 것을 알아 두자.

여권
블라디보스토크가 위치한 러시아는 물론 대부분의 국가는 입국일 기준으로 여권 만료일이 6개월 이상 남아 있어야 한다는 규정이 있다. 여권 만료일이 6개월 이하는 입출국에서 문제가 될 수 있으니 사전 확인 후 갱신이나 재발급을 받고 출발하도록 하자.

환전
러시아의 통화 단위는 루블(표기는 RUB 또는 R)로 동전과 지폐를 사용한다. 동전은 8가지로 루블보다 낮은 단위인 코페이카копейка 동전 4종과 1, 2, 5, 10루블 동전으로 나뉘며 지폐는 5, 10, 50, 100, 500, 1,000, 5,000루블 6종으로 나뉜다. 여행 시 주로 사용되는 통화는 1루블, 2루블, 5루블, 10루블 동전 4종과 5루블, 10루블, 100루블, 1,000루블 지폐 4종. 동전은 거스름돈으로 종종 주는데 보관도 어렵고 환전 시 지폐보다 환전율이 좋지 않아 빨리 사용하는 것이 좋다. 우리나라 화폐인 원보다 단위가 작아 사용하다 보면 헷갈리는 경우가 종종 있는데, 환율에 따라 다르지만 1:20으로 생각하고 비용을 계산하면 된다. 우리나라의 경우 하나은행(외환은행 합병)이 러시아 루블을 취급하는 유일한 은행으로, 소액 환전이라면 하나은행 콜센터를 통해 무통장 입금 후 공항에서 직접 수령하는 방법(50% 우대율)이 가장 간편하고 좋다. 이

외에도 한국에서 달러로 환전해 현지에서 환전하는 방법과 수수료가 없거나 적은 체크카드를 만든 후 출금하는 방법이 있다. 과거에는 현지 환전소(사설 환전소 포함)에서 손상되지 않은(접힌 자국 없는) 달러만 환전이 가능했지만 최근에는 원화로 직접 환전해주기 때문에 수수료를 아낄 수 있어 선호되는 방법으로 떠오르고 있다. 다만, 현지 환전의 경우에는 공항에서 숙소까지 택시 혹은 버스를 탈 때 사용할 수 있는 루블을 가져가야 한다는 단점이 있으니 마냥 선호할만한 방법은 아니다.

국내 은행 환전	하나 은행에서 콜센터(1599-1111)를 통해서 환전 신청 후 무통장 입금 / 전용 애플리케이션 설치 후 환전	50% 우대 / 인천공항에서 직접 수령 가능
현지 환전	현지 은행 혹은 사설 환전소에서 원화를 바로 환전	환전 시 가장 좋은 환율을 얻을 수 있지만 발품을 팔아야 하고, 공항에서 환전소까지의 교통편 지불 방법이 애매함
체크카드	수수료가 없거나 적은 체크카드를 만들어서 블라디보스토크 공항이나 시내에 있는 ATM에서 출금	체크 카드의 종류가 많고, ATM의 종류에 따라 추가 수수료가 붙을 수 있음

여행 짐 싸기

낯선 지역으로 떠나는 만큼 더 많은 것을 준비하게 되는 여행 짐. 예측 불가한 상황이 발생할지도 모른다는 불안감에 짐은 늘어난다. 물론 필요한 것을 준비하면 여행 기간 중 유용하게 사용할 수 있지만, 짐의 무게가 늘어날수록 여행의 피로는 쌓여 여행의 만족도는 낮아질 수밖에 없다. 짐의 무게는 여행의 만족도를 결정짓는 중요한 요소인 만큼 불필요한 짐은 줄이고, 꼭 필요한 물품을 꼼꼼히 챙겨 가볍게 여행을 떠나 보자.

가벼운 짐을 싸기 위해 먼저 여행 짐 싸기 체크 리스트를 작성해 보자.

☑ 종이에 여행 기간 중 꼭 필요한 물품을 나열한다.

☑ 그중에서도 우선순위를 정해 리스트 상단부터 순차적으로 작성한다.

☑ 가방의 부피를 고려해서 우선순위를 정하고, 그렇지 않은 물품은 과감하게 삭제한다. 이때, 부피가 크거나 전 세계 어디서든 흔히 구할 수 있는 물품은 우선순위에서 제외하고, 화장품이나 반찬류 등은 필요한 만큼 작은 용기에 넣거나, 압축팩을 이용하면 부피를 줄이는 데 도움이 된다.

☑ 짐을 챙길 때 작성해 놓은 리스트를 보며 준비하면 중요한 짐을 못 챙겨 가는 불상사를 막을 수 있다.

※러시아에서 사용하는 전기 콘센트는 우리와 똑같으니 따로 변환기나 어댑터를 준비할 필요가 없다. 1년 내내 우리나라보다 기온이 적게는 2~3도 많게는 10도 정도 낮기 때문에 한국에서 입던 옷보다 살짝 더 두꺼운 옷을 가져가는 것이 좋다.

블라디보스토크 HOT 아이템 & BEST 4

일상에서 벗어나 행복을 찾을 수 있는 시간. 그 어떤 시간보다 즐겁고 행복해야 할 시간인 만큼 조금 더 블라디보스토크에서 즐길 수 있는 HOT 아이템과 BEST 4를 소개한다.

HOT 아이템

뜨거운 햇빛에 소중한 눈과 피부를 지켜 낼 수 있는 자외선 차단제, 모자, 선글라스

추운 날씨와 일교차로 인한 배탈, 설사, 코감기가 자주 발생하니 관련 상비약

알차고 즐거운 여행을 위한 알짜 가이드북 《지금, 블라디보스토크》

도보 여행 구간이 많은 만큼 가볍고 편안한 운동화

BEST 4

1 편하게 신고 벗을 수 있는 슬리퍼

2 어려운 러시아어를 해결해 줄 현지 유심 또는 데이터 로밍

3 블라디보스토크 특유의 문화와 자연 풍경을 담을 수 있는 카메라

4 물놀이 및 우천 시 비상금과 스마트폰을 안전하게 보관할 방수팩

가방 VS 캐리어

즐거운 여행을 준비하는 데 있어 중요한 것이 많지만, 어떤 여행 가방을 선택하느냐에 따라 여행의 만족도는 달라진다. 예를 들어 단기 일정으로 블라디보스토크만 돌아보는 여행자라면 캐리어가 좋고 블라디보스토크 외 인근 도시나 인근 국가까지 돌아보는 여행자라면 배낭을 추천한다. 블라디보스토크를 방문하는 여행자들이 이용하는 캐리어를 살펴보면, 기내 반입이 가능한 소형 크기(20인치 이하)와 위탁 수화물로 보내야 하는 중형 크기(24인치, 28인치) 이상의 화물용으로 구별된다. 우리나라보다 추운 기후 특성상 부피를 차지하는 옷을 챙기기 때문에 조금 넉넉한 사이즈를 가져가도 좋다. 쇼핑이 목적인 여행자라면 여유 공간을 생각해 28인치 이상 크기를 준비하는 것도 괜찮은 선택이다. 단, 항공사마다 수화물 규정이 다르니 확인이 필요하다. 특히 저비용 항공사의 경우 정해진 용량을 초과할 경우 높은 비용을 청구하니 이용하는 항공편 수화물 규정을 살펴보고 캐리어 크기를 선택하도록 하자.

항공사별 수화물 기준표

대한항공	23kg 1개 3면의 합이 158cm(62in) 이하			• **개수 초과 시 10만 원**(좌석 등급, 멤버십 등급따라 조정)
아에로 플로트	23kg 1개 3면의 합이 158cm(62in) 이하			• **개수 초과 시 10만 원**(좌석 등급, 멤버십 등급따라 조정)
S7항공	Economy	Economy Flex	Business	• **Economy의 경우** 기내 수화물은 최대 10kg(3면의 합이 115cm) 1개
	X	23kg 1개	23kg 1개	• **Economy의 경우** 기내 수화물은 최대 10kg(3면의 합이 115cm) 1개
제주항공	정규 운임	할인 운임	특가 운임	• **Economy의 경우** 기내 수화물은 최대 10kg (3면의 합이 115cm) 1개, 위탁 수화물 사전 구매 시 할인 적용
	20kg 1개	15kg 1개	X	• **Economy의 경우** 기내 수화물은 최대 10kg (3면의 합이 115cm) 1개, 위탁 수화물 사전 구매 시 할인 적용

※유아와 소아도 항공사마다 수화물 규정이 있으니 참고
※수화물 규정은 바뀔 수 있으니 항공권 구매 시 항공 규정을 반드시 확인

블라디보스토크
여행 시 유용한
애플리케이션

구글 맵

목적지까지의 거리는 물론 이동 시간과 방법
까지도 친절하게 알려 주는 여행자 필수 앱이
다. 지도를 보기 위해서는 인터넷 연결이 필요
하지만 조금만 공부하면 인터넷 상관없이 오
프라인에서 내가 저장한 지도를 보는 것은 물
론 교통 안내, 내비게이션으로 사용할 수 있다.
자세한 사용 방법은 포털 사이트에서 '구글맵
오프라인'을 검색하면 된다.

구글 번역기

해외여행 시 위급한 상황이 생겼을 때 의사소통
을 도울 수 있는 번역기다. 한국어→러시아어의
변환도 가능하지만 조금은 부족한 편이다. 하지
만 자주 사용하는 문장을 미리 저장해서 사용할
수 있고, 영어→러시아어 번역은 상당한 정확도
를 자랑하기 때문에 영어가 자유로운 여행자라
면 더욱 이용 가치가 높은 편이다.

택시 중개 애플리케이션

우리나라의 카카오 택시와 비슷한 역할을 하
는 택시 중개 애플리케이션 막심(Maxim)과 겟
(Gett), 얀덱스(Yandex)는 이제 블라디보스토
크 여행의 필수 애플리케이션으로 자리 잡았을
정도로 이용 가치가 높다. 택시 애플리케이션을
사용하기 위해서는 현지 유심이 꼭 필요하니 블
라디보스토크에 도착하자마자 현지 유심을 구
매하는 것을 잊지 말자.

왓츠 앱 메신저(WhatsApp Messenger)

무료 통화와 메시지를 주고받을 수 있는 모바일
메신저다. 러시아 현지 친구가 생긴다면 페이스
북이나 왓츠 앱을 통해서 연락을 주고받을 수 있
다. 다만, 현지 유심으로 왓츠 앱을 가입해서 쓸
경우 유심을 바꾸면 저장된 번호가 삭제될 수 있
으니, 한국 유심으로 만들어 놓고 아이디를 등록
해서 연락하는 방법을 추천한다.

Vladivostok

여 행 정 보

인천 국제공항 출국
동해항 국제 여객 터미널 출국
블라디보스토크 입국
블라디보스토크 교통편
블라디보스토크에서 유용한 정보
찾아 보기
현지 트래블 쿠폰

인천 국제공항 출국

인천 국제공항으로 가는 방법은 크게 철도와 공항버스로 구별된다. 철도는 교통 체증 없이 빠르게 이동할 수 있는 장점이 있으며, 공항버스는 정차하는 정류장이 집 근처에서 있다면 편하게 탈 수 있는 장점이 있다. 대한항공, 델타, 에어프랑스, KLM항공 이용 고객은 인천 국제공항 제2 여객 터미널을 이용해야 하니 주의하자.

공항 철도
www.arex.or.kr

서울 시내에서 인천 국제공항까지 가장 빠르게 이동할 수 있는 교통수단이다. 도심 곳곳을 연결하는 공항 리무진에 비해 이용 지역은 제한적이지만 교통 체증 없이 빠르게 이동할 수 있다. 단 집 근처에 지하철역이 없거나 공항 철도역과 멀리 떨어져 있다면 짐을 들고 이동해야 해서 공항리무진보다 번거롭고 시간이 오래 걸릴 수 있다.

직통열차

서울역 도심 공항 터미널에서 출발해 인천 국제공항을 무정차(논스톱)로 운행하는 고급 열차다. 인천 국제공항 제1 여객 터미널까지는 43분, 제2 여객 터미널까지는 51분이 소요되며 매일 오전 6시 10분 첫차를 시작으로 하루 26회 운행한다.

운행 간격 짝수 시간대(매시 10분, 50분), 홀수 시간대(매시 30분)/ 22시 50분 막차
열차 운임 9,000원(어른), 7,000원(어린이)
이용 방법 서울역 도심 공항 터미널 B2층에서 승차권 구매 후 탑승

일반 열차

수도권 주요 7개 지하철역 환승을 통해 교통 체증 없이 빠르게 공항으로 갈 수 있는 통근형 열차다. 출발역인 서울역부터 종착역인 인천 국제공항 제2 여객 터미널까지는 총 13개의 역 전부를 정차할 경우 1시간 6분이 소요된다. 직통열차보다 운행 간격이 짧고 대부분 지하철 노선과 환승할 수 있어 많은 여행자가 이용한다.

운행 간격 7~15분 가격
열차 운임 이용 구간에 따라 다름(서울역 - 인천 국제공항 제2 여객 터미널 성인 기준 4,750원)
이용 방법 서울역 도심 공항 터미널 B2층에서 승차권 구매 후 탑승

182

직통 열차가 출발하는 서울역과 공항버스 출발지인 삼성역은 시내에 위치한 도심 공항 터미널로 공항처럼 항공사 체크인, 수화물 붙이기, 출국 신고가 가능하다. 항공편 출발 3시간 전에 항공사 카운터가 열리는 공항과는 달리 항공사 카운터가 일찍 열려 원하는 좌석을 선점할 수 있고 전용 출입국으로 출국장까지 빠르게 이동할 수 있다. 최근 인천 국제공항 이용객의 증가로 항공사 체크인부터 출국 신고까지 30분 이상의 대기가 필요하니 도심 공항 터미널이 멀지 않다면 도심 공항터미널 이용을 강력 추천한다. 도심 공항 터미널은 탑승 수속이 가능한 항공사가 정해져 있으니 도심 공항 터미널 홈페이지를(삼성동 www.calt.co.kr, 서울역 www.arex.or.kr) 통해 사전에 확인하고 이용하자.

공항버스

서울, 경기 지역은 물론 지방 도시를 연결하는 버스가 상시 운행 중이다. 버스는 크게 공항 리무진과 일반 버스, 고속버스로 나뉘며, 공항행 교통수단 중 가장 많은 정류장이 있어 이용자가 많다. 짐이 많은 여행자도 집 근처 정류장에서 이용할 수 있어 공항철도보다 편하지만, 교통량에 따라 시간이 오래 걸릴 수 있다. 요금은 7,000원(김포)부터 지역마다 달라진다. 공항 이용자가 늘어나면서 카드사 및 여행사에서 쿠폰, 티켓 발행 또는 할인을 제공하는 경우가 있으니 탑승 전 꼼꼼히 살펴보자.

<u>소요 시간</u> 탑승 지역에 따라 다름
<u>노선 검색</u> 인천에어네트워크 www.airportbus.or.kr
<u>버스 운임</u> 구간마다 다름
<u>장점</u> 정류장이 많아 집 근처에서 이용이 가능
<u>단점</u> 교통량에 따라 걸리는 시간이 변동

※주의 버스 이용자 중 짐을 짐칸에 넣으면 수화물 표Luggage Tag를 주는데, 잃어버리면 문제가 될 수 있으니 잘 챙기는 것을 잊지 말자.

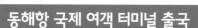

동해항 국제 여객 터미널 출국

페리를 이용해 블라디보스토크를 방문한다면 강원도 동해시 송정동에 위치한 국제여객선 터미널을 이용해야 한다. 자가 차량을 이용한다면 터미널 무료 주차장을 이용하고 고속버스, 기차를 이용해 동해에 도착했다면 버스나 택시를 이용해 터미널로 이동해야 한다.

<u>동해 고속버스 터미널</u> ➔ 여객 터미널 21-1(발한) 버스로 30분 소요
<u>동해 공영버스 터미널</u> ➔ 여객 터미널 21-1(발한), 12-4, 32-1번 버스로 27분 소요
<u>동해역</u> ➔ 여객 터미널 21-1(발한), 12-4, 32-1번 버스로 7분 소요

페리 이용자의 경우 체크인 시 항만세+관광 진흥 개발 기금(2018년 5월 기준 2,500원)을 내야 한다. 국제 여객 터미널에는 매점, 출장 환전소 외에는 부대시설이 거의 없으니 식사 및 배 안에서 즐길 간식 구매는 시내에서 미리 사서 이동하도록 하자.

입국 신고

러시아는 출입국 심사관이 직접 입국 신고서를 작성한다. 그러한 이유로 따로 준비해야 할 서류는 없지만 긴 대기 줄이 생기는 불편함이 있다. 입국 심사 시에는 여권만 제출하면 되고 호텔 바우처나 돌아가는 항공편 e-티켓을 요청할 수 있으니 미리 준비하도록 하자. 입국 심사 후에는 출국 시 제출해야 할 출국 신고서миграционная карта를 주는데 해당 신고서를 잃어버릴 경우 호텔 이용은 물론 출국 자체가 불가능하니 주의하자. 해당 신고서를 분실할 경우 블라디보스토크 소재 대한민국 총영사관(+7-423-240-2222)의 도움을 요청하자.

수화물 찾기

입국 심사가 끝나면 1층 수화물 인도장에서 자신이 타고 온 수화물 레일 확인 후 해당 레일에서 수화물을 찾을 수 있다. 러시아는 수화물에 대해서는 여행자가 소지한 수화물 표와 짐에 붙어 있는 표를 일일이 확인하니 수화물을 찾았다면 미리 항공 체크인 시 받은 수화물 표를 준비하자.

세관 검사

위탁 수화물에 문제가 있거나, 출발 전 인천 국제공항 면세점에서 고가 또는 입국 허용 면세 한도를 초과해 구매하지 않았다면 대부분 그냥 통과한다. 간혹 짐 검사를 할 경우가 있는데, 그럴 땐 당황하지 말고 안내에 따라 수화물을 확인시켜 주면 된다. 입국 시 신고할 물품이 있다면 'Goods to declare'라 적힌 레드 라인 출구로 가면 된다.

주류	1병(3리터 이하)
담배	200개피(1보루)
면세기준	수화물 무게 50kg까지 (초과 시 1kg 당 최저 4유로 부과)

블라디보스토크 교통편

VLADIVOSTOK

공항에서 시내로

블라디보스토크의 관문이자 여행의 시작지인 블라디보스토크 국제공
항에서 시내로 가기 위한 방법은 크게 세 가지다. 이동 시간은 비슷하
지만 가격대는 천차만별이니 자신의 여행 일정에 맞춰 선택하자.

택시

공항에서 시내까지 가장 빠르고 편리하게 이동할 수 있는 방법이다.
짐이 많고 거동이 불편하거나 늦은 시간에 도착하는 여행자에게 추천
한다. 택시로 아르바트 거리가 있는 시내까지 약 50분 정도가 소요되
며 요금은 1,000~1,500루블 사이다. 공항을 빠져나와 정면에 있는
주차장 근처 승강장이 있는 곳에서는 택시 간판이 붙어 있지 않은 사설
택시 기사들의 바가지 요금과 호객행위가 심하니 되도록 공항 내 택시
부스를 이용하도록 하자. 가장 좋은 방법은 공항 내 유심 센터에서 유
심 구매 후 택시 중개 애플리케이션을 사용하면 950~1,200루블로
안전하게 이용할 수 있다.

공항버스

낮에 도착하고, 짐이 많지 않거나 시간 여유가 있는 여행자라면 공항
정문 버스 정류장에서 107번 버스를 이용해 보자. 버스라고 하기에는
조금 부족한 승합차 버스로 1시간에 한 대 운행하고 탑승 인원도 15
명 이하로 정해져 있지만 1인당 185루블(짐 90루블)이라는 저렴한 가
격으로 이용할 수 있다. 단점은 탑승 인원이 정해져 있어서 이용을 못
할 경우 1시간을 더 기다려야 한다. 탑승 장소는 공항에서 나온 후 첫
번째 플랫폼(횡단보도로 건넌 후 왼쪽 정류장)에서 기다리면 된다.

공항 – 블라디보스토크 기차역	매시 정각, 매시 30분	소요 시간 약 65분
블라디보스토크 기차역-공항	매시 20분, 매시 50분	소요 시간 약 65분

공항 철도

공항 1층 입국장으로 나와 오른쪽 끝으로 가면 블라디보스토크 기차역을 운행하는 공항 철도역이 나온다. 일반석 기준 230루블(비즈니스 360루블)이며, 54분이면 시내까지 갈 수 있는 장점이 있지만 단점은 하루 5회밖에 운행을 하지 않는다. 열차 운행 시간이 항공 도착 시간과 맞거나 시간적 여유가 있는 여행자라면 고려해 보자(아래표는 현지 시각).

구간	출발 시간	도착 시간
공항~블라디보스토크 기차역	7시 48분	8시 42분
	8시 32분	9시 26분
	10시 45분	11시 39분
	13시 15분	14시 09분
	17시 40분	18시 34분
블라디보스토크 기차역~공항	7시 08분	8시 02분
	9시 01분	9시 55분
	12시 00분	12시 54분
	16시 00분	16시 54분
	18시 00분	18시 54분

※공항 철도 운행 시간이 5~15분 간격으로 상시 변동된다. 공항 철도 입구에는 최신 시간표가 적혀 있으니 공항에 도착하면 들러 시간표를 확인 후 이용하도록 하자.

시내 교통편

블라디보스토크는 도시의 규모가 크지 않아 도보 여행이 가능하다. 하지만 루스키섬이나 독수리 전망대 등 몇몇 명소는 버스나 택시를 이용하는 것이 시간적으로나 체력적으로 효율적이기에 많은 사람이 대중교통을 선호한다. 특히 택시는 국내 요금과 비교하면 매우 저렴하고 택시 중개 애플리케이션을 이용하면 안전하고 바가지요금 없이 이용할 수 있어 인기다.

시내버스/ 미니버스

한화로 약 460원의 저렴한 요금으로 이용 가능한 교통수단이다. 블라디보스토크 시내는 물론 마약 등대로 알려진 토카렙스키 등대, 루스키섬까지 운행해 여행 경비를 절약하고자 한다면 가장 추천하는 교통수단이다. 이용 방법은 뒷문으로 탑승하고 내릴 땐 버스 기사에게 요금을 지불하고 앞문으로 내리면 되는데, 가급적 잔돈을 지불하는 것이 좋다. 버스 외관에는 최종 목적지만 표기돼 있으니 구글 맵이나 2GIS 등 길 안내 애플리케이션을 통해 미리 버스 번호를 확인하고 이용하자. 대부분의 버스가 연식이 오래돼 차량 상태가 좋은 편이 아니다.

구글 맵으로 버스 번호 확인하는 방법	❶ 구글 지도 켜기
	❷ 가고자 하는 곳 입력하기(한글 또는 GPS 좌표)
	❸ 검색 결과에서 하단 '길 찾기' 버튼 선택
	❹ 결과에서 상단 '버스' 버튼 선택

택시

가장 빠르게 목적지까지 갈 수 있는 방법이다. 우리나라와 비교하면 가격대도 저렴해서 여행자들이 가장 선호하는 교통수단이다. 시내 이동은 기본 요금 150~200루블 사이, 루스키섬도 300~400루블 정도면 이동할 수 있다. 한 가지 단점은 블라디보스토크 택시는 대부분 예약제며 거리에서 빈 택시를 잡아 탑승할 경우 바가지 요금이 심해 주의해야 한다. 가장 좋은 방법은 호텔이나 레스토랑을 통해 호출하거나 택시 중개 애플리케이션을 이용해 이동하자.

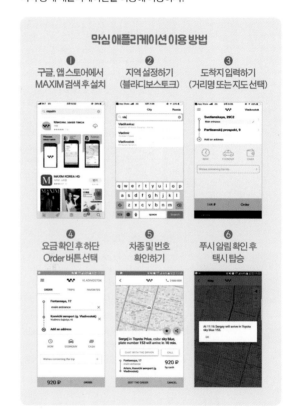

VLADIVOSTOK

**블라디보스토크
대한민국
총영사관**

외교 및 재외국민과 여행자 보호에 도움을 주기 위해 전 세계에 우리나라 재외공관이 마련돼 있다. 여권을 분실했거나 지갑 등을 도난당해 급하게 송금이 필요하거나 급한 용무로 도움이 필요한 경우에도 도움받을 수 있는데, 블라디보스토크에는 해양 공원 근처 블라디보스토크 대한민국 총영사관이 이러한 역할을 하고 있다. 만약 여권을 분실했다면 우선 가까운 경찰서에 가서 신고하고 분실 신고서를 받은 후 총영사관에 연락해 재발급 또는 여행 증명서를 발급 받도록 하자. 한 가지 기억할 것은 출국 시 분실 신고서를 확인할 수 있으니 복사본을 제출하고 원본은 가지고 있는 것이 안전하다.

근무시간 9:00~18:00(평일),
(토, 일요일과 주재국 공휴일 및 한국의 3.1절, 광복절, 개천절, 한글날 휴무)
공관 주소 및 연락처
주소 Генеральное консульство Республики Корея в г. Владивостоке
위치 해양 공원 옆 성 이고르 체르니고프스키 성당을 바라보고 오른쪽으로 100m 직진 후 기차 건널목 지나 정면으로 도보 2분
대표 전화 423-240-22-22
홈페이지 overseas.mofa.go.kr/ru-vladivostok-ko/index.do

비상 연락처

여행 중 누구에게나 발생할 수 있는 사건, 사고는 물론 카드 분실, 항공권 변경 등으로 도움이 필요하면 아래의 연락처로 도움을 요청하자.

현지
국가 코드 7 지역 코드 4232
화재 01 경찰(현지 번호) 02 구급차(현지 번호) 03

블라디보스토크 대한민국 총영사관
근무시간 +7-423-240-2222
근무시간외 +7-423-240-2222, +7-914-072-8347,
+7-914-712-0818
한국 관광 공사 +7-423-265-1163
연해주 한인회 +7-423-249-1153
※현지 유심을 장착한 후 통화 기준 번호임. 한국 유심을 사용할 경우 00700 - 7(국가번호) 누른 후 번호 입력
24시 영사 콜센터(통역 서비스)
8-10-800-2022-2082(무료) / 8-10-800-110-2082(무료)

신용카드 분실 신고

BC카드 82-2-950-8510 국민카드 82-2-6300-7300
롯데카드 82-2-2280-2400 삼성카드 82-2-2000-8100
신한카드 82-2-3420-7000 하나SK카드 82-2-3489-1000
현대카드 82-2-3015-9000

항공사 연락처

대한항공 +82-2-2656-2001(현지)/ 1588-2001(한국)
아에로플로트 8-800-444-55-55(현지, 무료)/0808 22 0244(대한민
국 국내무료전화)
제주항공 82-1599-1500(국내)
진에어 82-1600-6200(국내)
티웨이항공 82-1688-8686(국내)

여권 분실

여권을 분실했다면 경찰에 분실 신고 후 분실 증명서를 갖고 블라디보스
토크 해양 공원 근처 영사관에 방문하면 여행 증명서 발급이나 여권 재
발급을 할 수 있다. 여행 증명서는 1회에 한해 출국이 허용되고 여권 재
발급을 위해서는 여권용 사진 1매와 주민등록증 등 신분증을 챙겨야 한
다. 비용은 여행 증명서 사진 부착식 7불, 여권 재발급은 1회 사용 가능
한 사진 부착식 단수 여권 15달러, 10년 전자 여권은 53달러.

신속 해외 송금

여행 중 지갑 분실로 급하게 돈이 필요하면 영사관을 통해 해외 송금을
받을 수 있다. 1회 최대 3,000달러까지 가능하며, 해외 송금 제도 신청
후 국내에서 정해진 계좌에 돈을 입금하면 현지 화폐로 받을 수 있다.

로밍 휴대 전화 이용하기

기종마다 다르지만 스마트폰 대부분은 신청 없이 자동으로 로밍이 된
다. 로밍으로 연결되면 국내 요금제와는 상관없이 통신 및 통화 요금
이 발생하는데, 로밍 요금제에 가입을 하지 않았다면 요금이 생각보다
비싸서 주의가 필요하다. 하지만 한국에서 오는 전화를 급하게 받아야
하는 여행자라면 현지 유심 사용보다는 데이터 로밍을 추천한다.

데이터 이용

로밍 폭탄 요금을 피하기 위해서는 항공 탑승 전 비행기 모드 전환이나
로밍 데이터 사용을 차단하거나 이용하는 통신사에 연락해서 로밍 데
이터 차단을 신청하고, 여행 중 이메일 확인이나 카카오톡 등 메신저
를 이용하려면 출발 전 이용하는 통신사를 통해 로밍 상품을 가입하거
나 휴대용 와이파이 대여 또는 현지 유심을 이용하자.

전화 통화

러시아 시내 전화 통화는 물론 해외 발신, 걸려 온 전화를 받을 경우에도 요금이 청구되니 주의가 필요하다. 특히 걸려 온 전화를 받아서 요금 폭탄을 맞는 경우가 종종 있으니 꼭 필요한 연락이 아니면 통화를 잠시 미루자.

현지 유심(USIM) 사용하기

와이파이 에그 대여, 데이터 로밍 등 여행 중 사용할 수 있는 데이터 옵션은 많지만 블라디보스토크 여행 시에는 현지 유심 구매를 강력 추천한다. 블라디보스토크를 여행하면서 가장 유용하게 사용하는 것이 택시 중개 애플리케이션인데 이 앱들은 모두 현지 번호를 필요로 한다. 때문에 현지 유심을 구매하면 현지 번호는 물론 빠른 데이터 속도도 제공되니 현지 유심 구매를 추천한다. 무엇보다 가장 큰 장점은 저렴한 가격으로 한국 돈 1만 원 정도면 5일 정도는 충분히 사용할 수 있다. 현지 통신사는 러시아 거대 통신사인 MTC와 꿀벌 로고로 알려진 비라인Билайн, 가격이 가장 저렴한 텔레2TELE2가 있다. 입국장에서 나오면 바로 앞 MTC와 출구 쪽 비라인 매장이 있으며 요금제를 선택하고 요금을 지불하면 직원이 유심 교환과 테스트까지 진행해 주어 매우 편리하다. 유심의 가격은 이용 기간, 데이터, 통신사마다 조금씩 다르고 종종 바뀌지만 대체로 3GB(300루블)와 5GB(500루블)로 구분된다. 3박 4일 일정이라면 대부분 3GB도 충분하지만 데이터를 많이 사용할 것 같다면 넉넉하게 5GB를 선택하자.

🌸 기본 표현

안녕하세요.	Здравствуйте 즈드랏스부이쩨
만나서 반가워요.	Рад встрече 랏 브스뜨레체
저기요.	Послушайте 빠슬루쏘이쩨
잠깐만요.	Минуточку 미눗또츠꾸
실례합니다.	Простите 쁘라쓰찌쩨
이것 좀 도와주실 수 있으세요?	Помогите мне в этом 빠마기쩨 므녜 브에떰
물어볼 것이 있어요.	У меня есть вопрос 우미냐 예스찌 바쁘로쓰
물론이죠.	Конечно 까녜슈너
네.	Да 다
아니요.	Нет 녯
좋아요.	хорошо 하라쇼
부탁합니다.	Прошу вас 쁘라쓔 바쓰
미안합니다.	Извините 이즈비니쩨
괜찮습니다.	Ничего 니체보
알겠습니다.	Понятно 빠냐뜨너
고맙습니다.	Спасибо 쓰빠씨버
네, 좋은 하루 보내세요.	Удачного дня 우다츠노버 드냐
한국 사람입니다. (괄호안의 표현은 화자가 여성일 경우)	Я кореец(кореянка) 야 까레이츠(까레얀까)

성함을 여쭤 봐도 될까요?	Можно узнать ваше имя? 모즈너 우즈나찌 바쉐 이먀?
만나서 반갑습니다. (괄호 안의 표현은 화자가 여성일 경우)	Рад(Рада) познакомиться 랏(라다) 빠즈나꼼밋샤

🌸 숫자

1	один 아진	11	одиннадцать 아진-나짜찌
2	два 드바	12	двенадцать 드비나-짜찌
3	три 뜨리	13	тринадцать 뜨리나-짜찌
4	четыре 치띄레	20	двадцать 드바짜찌
5	пять 빠찌	21	двадцать один 드바짜찌 아진
6	шесть 쉐쓰지	30	тридцать 뜨리짜찌
7	семь 쏌	50	пятьдесят 삐찌지샷
8	восемь 보씸	100	сто 스또
9	девять 제뱌찌	200	двести 드볘-스찌
10	десять 제샤찌	1,000	тысяча 띄-시차

🌸 일상 용어

지금 몇 시예요?	Который сейчас час? 까또릐 씨차스 차쓰?
오늘이 며칠이에요?	Какое сегодня число? 깍꼬예 씨보드냐 치슬러?
몇 시에 문을 열어요?	Во сколько открывается? 바쓰꼴꺼 앗끄리바옛쌰?
화장실은 어디예요?	Где туалет? 그졔 뚜알롓?
이건 뭐예요?	Что это? 슈또 에떠?

다시 말씀해 주세요.	Повторите еще раз 빠프따리쪠 이쇼 라스
몇 시에 문을 닫아요?	Во сколько закрывается? 바쓰꼴꺼 자끄리바옛쌰?
여기 자리 있어요?	Здесь свободно? 즈졔씨 스바보드너?
잠깐만요.	Минуточку 미눗또츠꾸
서두르세요.	Поторопитесь 빠따라삐쪠씨
비켜 주세요.	Подвиньтесь, пожалуйста 빠드빈쪠씨, 빠좔스따

🌸 입국 심사 Immigration(Passport Control)

어떤 목적으로 오셨습니까?	Цель вашего визита? 쩰 바쉐버 비지따?
관광입니다.	Туризм 뚜리즘
얼마나 머무르실 겁니까?	Сколько вы будете здесь находиться? 스꼴리꺼 븨 부졔쩨 즈졔씨 나호짓쌰?
일주일입니다.	Одну неделю 아드누 녜졜유
어디에 머무르실 예정입니까?	Где вы остановитесь? 그졔 븨 아스따나비쪠씨
호텔에 있을 겁니다.	В отеле 브아뗄예

◆세관
| 신고할 것이 있어요?
〔없습니다.〕 | У вас есть предметы, подлежащие
декларированию? 우바쓰 예스찌 쁘레드몌띄,
빠들례좌쉬예 지끌라리로바니유?
Нет [녯] |

◆환전
| 한국 돈을 루블로 바꾸고 싶어요. | Я хочу обменять корейские воны на
рубли 야하추 아브몌냐찌 까례이스끼예 보늬 나루블리 |

🌸 택시

택시 승강장이 어디에 있어요?	Где стоянка такси? 그제 스따얀까 딱씨?
어디까지 갑니까? 〔블라디보스토크에 갑니다.〕	Куда вам ехать? 꾸다 밤 예하찌? В Гостиница Владивосток [가스찌니쭈 블라지봐스똑]
얼마예요?	Сколько с меня? 스꼴리꺼 스미냐?
이 주소로 가 주세요.	Отвезите меня по этому адресу 앗볘지쩨 미냐 빠에떠무 아드례쑤
여기에 세워 주세요.	Остановите здесь 아스따나비쩨 즈제씨

🌸 호텔

체크인하고 싶습니다.	Я хочу зарегистрироваться в гостинице 야하추 자례기스뜨리로바쌰브가스찌니쩨
여기 제 예약 정보입니다.	Здесь информация о моем заказе 즈제씨 인포르마찌야 아마음 자까졔
짐을 방까지 좀 부탁해요.	Доставьте мой багаж в номер 다스따비쩨 모이 바가슈 브노몌르
침대 하나 추가해 주세요.	Поставьте еще одну кровать 빠스따비쩨 이쇼 아드누 끄로바찌
택시 불러 주세요.	Вызовите Мне Пожалулста, Таксй 저비찌 므녜 빠잘스떠 딱씨

🌸 쇼핑

이건 얼마예요?	Сколько это стоит? 스꼴리꺼 에떠 스또잇?
좀 깎아 주세요.	Продайте подешевле 쁘라다이쩨 빠졔쉐블례

🌸 여행에 유용한 단어

여권	Паспорт 빠스뻐러트	아내	Жена 쥐나
관광객	Турйст 뚜리스트	닭고기	Курица 꾸리쩌
비행기	Самолёт 싸말룔	소고기	Говядина 가뱌지너
좌석	Место 메스떠	물	Вода 봐다
화장실	Туалет 뚜알렛	찬물	Холодная Вода 할로드녀여 봐다
여행 안내소	Справочное бюро 스쁘라붜츠너 이뷰로	주문	Заказать 자까자쯔
세관	Таможенная Декларация 따모줸녀여 지끌라라찌여	돈	Деньги 젠기
한국	Корея Incheon 까레여	요금	Плата 쁠라떠
버스	Автобус 아프또부스	합계	Сумма 쑴머
정류장	Остановка 아스따노프꺼	싼	Дежёвый 지쇼븨
입구	Вход 프홑	비싸다	Это дорого 에떠 도-거
기차	Поезд 뽀이스트	할인	Скйдка 스끼트꺼
환승	Пересадка 삐리사트꺼	포함되다	ВключЧен 프끌류췬
전화하다	Звонйть 즈봐니쯔	가격표	Прейскурант 쁘리스꾸란트
궁전	Дворец 드봐례쯔	왼쪽	Налево 날례붜
아침	Утро 우뜨러	오른쪽	Направо 나쁘라붜
저녁	Вечер 뷔춰르	모퉁이	Угол 우걸
내일	Завтра 자프뜨러	똑바로	Прямо 쁘랴머
잠깐	Сейчас 씨챠스	빨리	Быстро 브이스뜨러
달	Месяц 메시쯔	기다리다	Подождать 빠다즈다쯔
좋다	Хорошо 하라쇼	머무르다	Остановйться 아스따나비쪄
나쁘다	Плохо 쁠로허	하루	Суткй 쑤뜨끼
괜찮다	Ничего 니취붜	2~3일	Два-три дня 드봐-뜨리 드냐
왜?	Почему 빠취무?	출발	Отравляться 알쁘라블랴쯔
유감	жаль 좔	내리다	Сходйть 스하지쯔
한국인	Кореец 까레이쯔	~에	на 나

찾아보기 INDEX

관광명소

개척리	68
군함 박물관	117
굼 옛 마당	108
극동 연방 대학교	163
금각교	159
나베르느자야 해변	75
놀이동산	75
니콜라이 개선문	114
독수리 전망대	152
러-일 전쟁 영웅 기념비	159
루스키 대교	163
루스키섬	162
마린스키 극장	160
블라디미르 레닌 기념 동상	135
블라디미르 비소츠키 동상	119
블라디보스토크 기차역	132
블라디보스토크항 여객 터미널	134
성 이고르 체르니고프스키 성당	69
세르게이 라조 기념 동상	118
세인트 앤드류 예배당	115
세인트폴 루터 교회	156
솔제니친 기념비	117
수하노프 박물관(수하노프의 집)	120
시베리아 횡단 열차 종착 기념비	134
신한촌 기념비	151
아르바트 거리(제독 포키나 거리)	80
아르세니예프 향토 박물관	86
아쿠아리움	76
엘리너 프레이 기념 동상	112
연해주 국립 미술관	130
연해주 정부 청사	101
연해주 한인 이주 기념비	72
영원의 불꽃	115
요새 박물관	77
율 브리너 기념비	131
잠수함 C-56 박물관	116
점프	72
중앙 광장	102
케이블카	153
키릴 형제 기념 동상	154
타티아나 예배당	155
태평양 함대 군사 역사 박물관	158
토비지나 곶(북한섬)	165
토카렙스키 등대	141
포크롭스키 정교회 사원	146
푸시킨 기념 동상	155
프리모르스키 아쿠아리움	164
해양 공원	74
혁명 전사 기념비	103

식당

구스토	109
긴자	147
난 하우스	69
니 르이다이	89
댑 버거	85
더 브라더스 바 앤 그릴	137
덤플링 리퍼블릭	107
드루지바	79
드바 그루지아	70
라테	157
로즈키 플로시키	88
리퍼블릭	135
리퍼블릭_금각교 주변	157
먹자 거리	84
몰로코 앤 매드	124
무미 트롤 뮤직 바	79
문샤인	90
미쉘 베이커리	125

베이커리 카페 136
브뤼헤 펍 112
브스피쉬카 109
비사타 153
비스트로 넘버 8 122
사비치 131
삼베리 140
샤슬릭코프 71
세븐 피트 139
세인츠 펍 124
셀피 88
세빌레바 111
쇼콜라드니짜 100
숀켈 110
수프라 78
스보이 페테 82
스탈로브야 8분 91
스튜디오 87
신디케이트 149
알리스 커피 82
야외 푸드 코트 75
올드 캡틴 펍 139
와인랩 98
우흐뜨 블린 81
이즈 브라세리 70
주마 73
차이하나 홀로폭 130
카페 부리토 123
카페마 98
캐피탈 121
캣 앤 클로버 78
컨트리 피자 121
코리아 하우스 71
코페인 108
파이브 어 클락 81
팔라우 피시 125

퍄티 아케안 73
페페로니 138
평양관 140
포르토 프랑코 101
포트 카페 150
푸드 코트 97
프로 커피 106
피자 M 136
피자욜로 87
해금강 123
호홀로마 137
홀리 홉 100

쇼핑

굼 백화점 107
기념품 숍(블라디 기프트) 103
도모비드 84
레뚜알 106
레뚜알_클로버 하우스점 97
마뉴팍투라 97
미니 굼 백화점 113
블라제르 148
스페라 마켓 138
이브로쉐 99
이줌루드 플라자 99
일 데 보테 111
자라 110
중앙 백화점 104
츄다데이 83
클로버 하우스 96
페르보레첸스키 쇼핑센터 149
프레시 25 97

지금, 블라디보스토크 🇷🇺
Travel Coupons

수프라

와인 1잔 무료

기간 2020년 12월 20일까지 | 쿠폰당 1테이블 | 공휴일 및 특별한 행사 날 사용 불가 | 다른 프로모션과 중복 불가

캣 앤 클로버

맥주 1잔 또는 커피 1잔 무료 제공

기간 2020년 12월 20일까지 | 쿠폰당 1테이블 | 공휴일 및 특별한 행사 날 사용 불가 | 다른 프로모션과 중복 불가

숀켈

전체 금액 10% 할인

기간 2020년 12월 20일까지 | 쿠폰당 1테이블 | 공휴일 및 특별한 행사 날 사용 불가 | 다른 프로모션과 중복 불가

더 브라더스 바 앤 그릴

커피 1잔 무료 제공

기간 2020년 12월 20일까지 | 쿠폰당 1테이블 | 공휴일 및 특별한 행사 날 사용 불가 | 다른 프로모션과 중복 불가

셰빌레바

생맥주(330ml) 1잔 무료 제공

기간 2020년 12월 20일까지 | 쿠폰당 1테이블 | 공휴일 및 특별한 행사 날 사용 불가 | 다른 프로모션과 중복 불가

쇼콜라드니짜

전체 금액 10% 할인

기간 2020년 12월 20일까지 | 쿠폰당 1테이블 | 공휴일 및 특별한 행사 날 사용 불가 | 다른 프로모션과 중복 불가

지금, 블라디보스토크 🇰🇷
Travel Coupons

Шкипер Клевер

1 пиво или 1 кофе бесплатно

Действует до 20 декабря 2020 года
| 1 купон за стол | Недоступно для
государственных праздников | Не
может использоваться с другими
предложениями.

catclovervl@gmail.com

Супра Грузинский ресторан

1 Вино Бесплатно

Действует до 20 декабря 2020 года
| 1 купон за стол | Недоступно для
государственных праздников | Не
может использоваться с другими
предложениями.

info@supravl.ru

BROTHERS BAR&GRILL

1 кофе бесплатно

Действует до 20 декабря 2020 года
| 1 купон за стол | Недоступно для
государственных праздников | Не
может использоваться с другими
предложениями.

brothersbar@mail.ru

Shonkel

10% скидки от общей суммы

Действует до 20 декабря 2020 года
| 1 купон за стол | Недоступно для
государственных праздников | Не
может использоваться с другими
предложениями.

shonkel@mail.ru

Шоколадница Владивосток

10% скидки от общей суммы

Действует до 20 декабря 2020 года
| 1 купон за стол | Недоступно для
государственных праздников | Не
может использоваться с другими
предложениями.

shokovladivostok@gmail.com

Шевелева

1 пиво бесплатно (0.33л)

Действует до 20 декабря 2020 года
| 1 купон за стол | Недоступно для
государственных праздников | Не
может использоваться с другими
предложениями.

rest.shevelev@mail.ru

지금,
블라디보스토크
Travel Coupons

드레드노트

와인 1잔 무료

기간 2020년 12월 31일까지

팔라우 피시

전체 금액 10% 할인

기간 2020년 12월 20일까지 | 쿠폰당 1테이블 | 공휴일 및
특별한 행사 날 사용 불가 | 다른 프로모션과 중복 불가

포르토 프랑코

전체 금액 5% 할인

기간 2020년 12월 20일까지 | 쿠폰당 1테이블 | 공휴일 및
특별한 행사 날 사용 불가 | 다른 프로모션과 중복 불가

세븐 피트

전체 금액 10% 할인

기간 2020년 12월 20일까지 | 쿠폰당 1테이블 | 공휴일 및
특별한 행사 날 사용 불가 | 다른 프로모션과 중복 불가

포트 카페

전체 금액 30% 할인
(12~16시 방문 시)

기간 2020년 12월 20일까지 | 쿠폰당 1테이블 | 공휴일 및
특별한 행사 날 사용 불가 | 다른 프로모션과 중복 불가

이즈 브라세리

커피 1잔 무료

기간 2020년 12월 20일까지 | 쿠폰당 1테이블 | 공휴일 및
특별한 행사 날 사용

비사타

맥주 1잔 무료

기간 2020년 12월 20일까지 | 쿠폰당 1테이블 | 공휴일 및
특별한 행사 날 사용 불가 | 다른 프로모션과 중복 불가

지금,
블라디보스토크
Travel Coupons

Dreadnought

1 Вино Бесплатно

Действует до 31 декабря 2020 года

leto7273@mail.ru

Порто Франко

5% скидки от общей суммы
1 пиво бесплатно

Действует до 20 декабря 2020 года | 1 купон
за стол | Недоступно для государственных
праздников | Не может использоваться с
другими предложениями.

tanyacheredn@mail.ru

Palau Fish

10% скидки от общей суммы

Действует до 20 декабря 2020 года | 1 купон
за стол | Недоступно для государственных
праздников | Не может использоваться с
другими предложениями..

palaufish@mail.ru

Port Cafe

30%
скидки с 12 часов в 4 часа

Действует до 20 декабря 2020 года | 1 купон
за стол | Недоступно для государственных
праздников | Не может использоваться с
другими предложениями.

khaust68@gmail.com

Семь Футов

10% скидки от общей суммы

Действует до 20 декабря 2020 года | 1 купон
за стол | Недоступно для государственных
праздников | Не может использоваться с
другими предложениями..

7sf125@mail.ru

Высота

1 пиво бесплатно

Действует до 20 декабря 2020 года | 1 купон
за стол | Недоступно для государственных
праздников | Не может использоваться с
другими предложениями.

boldyreva-svetlana@bk.ru

iz Brasserie

1 кофе бесплатно

Действует до 20 декабря 2020 года | 1 купон
за стол | Недоступно для государственных
праздников | Не может использоваться с
другими предложениями.

izbrasserie@mail.ru

MY SHOPPING LIST

Duty Free Shop

-
-
-
-
-
-

Vladivostok Shopping Mall

-
-
-
-
-
-

MY TRAVEL PLAN

Day 1

Day 2

Day 3

Day 4

Day 5

Memo.